物联网环境下企业RFID采纳扩散机理及策略

李文川 高思源 ◎ 著

中国财经出版传媒集团

经济科学出版社
Economic Science Press

图书在版编目（CIP）数据

物联网环境下企业 RFID 采纳扩散机理及策略/李文川，高思源著.—北京：经济科学出版社，2021.5
ISBN 978-7-5218-2589-3

Ⅰ.①物… Ⅱ.①李…②高… Ⅲ.①无线射频识别-应用-企业管理-商业服务-研究 Ⅳ.①F274-39

中国版本图书馆 CIP 数据核字（2021）第 094650 号

责任编辑：李 雪 袁 溦
责任校对：王肖楠
责任印制：王世伟

物联网环境下企业 RFID 采纳扩散机理及策略
李文川 高思源 著
经济科学出版社出版、发行 新华书店经销
社址：北京市海淀区阜成路甲 28 号 邮编：100142
总编部电话：010-88191217 发行部电话：010-88191522
网址：www.esp.com.cn
电子邮箱：esp@esp.com.cn
天猫网店：经济科学出版社旗舰店
网址：http://jjkxcbs.tmall.com
北京季蜂印刷有限公司印装
710×1000 16 开 9.5 印张 120000 字
2021 年 5 月第 1 版 2021 年 5 月第 1 次印刷
ISBN 978-7-5218-2589-3 定价：39.00 元

本书得到以下基金项目资助：

国家自然科学基金项目（71961021，71461022）

江西省“双千计划”哲学社会科学领军人才（青年）项目（CR202009480）

前言 PREFACE

物联网是继计算机、互联网之后世界信息产业发展的第三次科技革命，它深刻影响着人类经济社会运行和生产生活方式。物联网的大规模、高水平应用有利于促进企业服务方式的重大变革，更是实现企业创新发展、转型升级、提质增效的重要技术手段。作为物联网感知层的关键使能技术，无线射频识别技术（radio frequency identification，RFID）被认为有可能在未来取代条形码技术，并对零售业、交通业、制造业等诸多行业带来革命性影响。2006 年以来，为了助推 RFID 技术研发、应用以及 RFID 产业发展，国务院和各部委纷纷出台了一系列政策措施、产业规划和基金项目，并在军事、物流、交通、车辆管理、身份识别和仓储等领域取得了很好成效。尽管 RFID 技术在我国具有巨大的应用潜力和市场前景，但当前我国企业的 RFID 技术采纳扩散还面临着采纳率和采纳水平有待进一步提高，扩散速度和范围还有待进一步提升等诸多现实问题。因此，研究物联网环境下企业 RFID 采纳扩散机理，并以此提出科学合理的推进策略，具有重要的学术价值和实践意义。

本书主要包括以下几个部分的内容：

（1）企业 RFID 采纳扩散影响因素研究。分析了企业 RFID 采纳扩散的参与主体及动因，研究了 RFID 技术采纳扩散过程中的两阶段流程，从采纳及扩散两个子系统对 RFID 采纳扩散影响因素进行了分类研究，对各影响因素之间的因果关系进行了描述，构建了企业 RFID 采纳扩散影响因素体系，在此基础上绘制了企业 RFID 采纳扩散系统因果关系图。

（2）企业 RFID 采纳扩散机理模型研究。在前述的企业 RFID 采纳扩散系统因果关系图的基础之上，基于反对者视角和系统动力学相关理论构建企业 RFID 采纳扩散机理模型。构建了企业 RFID 采纳扩散系统流位流率系，分析了采纳者、等待采纳者、潜在采纳者及反对者四个流位变量，研究了企业 RFID 采纳扩散影响因素在不同流位变量中的作用路径。聚焦关键影响因素，基于数据可获得性等原则，构建了企业 RFID 采纳扩散系统流图。

（3）企业 RFID 采纳扩散机理模型仿真研究。从明确模型方程的种类、模型参数估计方法分析、方程所需权重赋值、模型主要参数估计、模型方程构建等五个方面构建了前述系统动力学模型的方程。在此基础上，利用 Vensim PLE 软件对企业 RFID 采纳扩散机理模型进行了模型检验，确认通过模型检验后，对系统模型进行了仿真分析。

（4）企业 RFID 采纳扩散推进策略研究。基于仿真分析结果，借鉴国内外政府在技术创新扩散中的实践经验与启示，立足于我国 RFID 采纳扩散现状及问题，从优化 RFID 采纳扩散支撑环境、健全 RFID 技术创新机制和完善 RFID 技术传播机制三个方面系统性提出了具有针对性的企业 RFID 采纳扩散推进策略。

本书由我主持的国家自然科学基金项目（71961021，71461022）、江西省“双千计划”哲学社会科学领军人才（青年）项目（CR202009480）等多个课题研究的部分研究成果集结而成，感谢相关基金项目的支持以及课题组成员在本书撰写过程中的帮助及支持。

本书由李文川总负责，研究生高思源作为主要人员参与撰写了第4章和第5章的部分内容。研究生李翼鹏、朱顺琴在资料收集与数据处理、文字校对等方面为本书的出版提供了帮助。感谢课题组成员一直以来的大力支持。

李文川
2021年5月

目 录
CONTENTS

第 1 章 绪论

1.1 研究背景与意义

1.1.1 研究背景

21 世纪初，互联网技术的飞速发展推动了信息存储和计算方式的革新，使得互联网无论是从内容还是形式上都产生了重大变化。2009 年，国际商业机器公司（IBM）提出“在基础建设的执行中植入智慧”这一理念，并希望这一理念能掀起“互联网”之后的又一次科技革命。这个被美国认为可以振兴经济、确立竞争优势的科技革命，就是“物联网”（the internet of things，IOT）。物联网的出现得到了各国政府的高度重视和关注，美国国家情报委员会在《2025 对美国潜在影响的关键技术》报告中，将物联网列为六大关键技术之一。欧盟紧随其后提出了《欧盟物联网行动计划》，成为世界范围内第一个系统提出物联网发展和管理计划的组织。德国、日本等国将物联网加入国家战略规划中，分别提出了“工业 4.0”和“i-Japan 战略 2015”，旨在通过物联网与信息技术的整合，打造物联网数字化社会。随着世界各国物联网政策的不断丰富，物联网在世界范围内的应用逐渐从碎片化、孤立化的起步阶段迈入跨界融合、集成创新的新阶段。

当前，全球物联网应用主要分为消费物联网和产业物联网两大方向，涉及农业、工业、能源行业、医疗、家居、交通等诸多领域，应用市场巨大。根据全球移动通信系统协会（Global System for Mobile Communications Association，GSMA）发布的《2020 年移动经济》（The Mobile Economy 2020）报告显示，2019 年全球物联网总连接数达到 120 亿个，预计到 2025 年，全球物联网总连接数规模将达到 246 亿个，年复合增长率高达 13%。2019 年全球物联网的收入为 3430 亿美元（约人民币 2.4 万亿元），预计到 2025 年将增长到 1.1 万亿美元（约人民币 7.7 万亿元），年复合增长率高达 21.4%①。

无线射频识别（radio frequency identification，RFID）技术是物联网感知层的关键使能技术，在整个物联网发展过程中处于关键支撑地位。凯文·艾什顿（Kevin Ashton）曾提出，物联网就是“借助射频识别等通信技术为每个产品建立电子标识，通过与互联网连接实现对产品的智能识别和管理”[1]。国际电信联盟（International Telecommunication Union，ITU）在 2005 年发布的《ITU 互联网报告 2005：物联网》中明确指出：“无所不在的物联网通信时代即将来临，射频识别等技术将得到更加广泛的应用。”[2]可以说，一个国家 RFID 技术的发展应用程度将影响其物联网的发展程度。与此同时，随着经济全球化和区域一体化进程的逐步推进，全球经济进入了一个高速发展的时

① 资料来源：新浪网．物联网白皮书（2020 年）：2025 年全球物联网收入将达 1.1 万亿美元［EB/OL］．（2020－12－29）．http：//vr.sina.com.cn/news/report/2020－12－29/doc－iiznctke9145800.shtml.

期。日益复杂的业务管理以及越来越高的信息透明化要求，都对企业生产运营管理各个环节的控制能力提出了新的挑战。为了冲破原有技术对产成品供、产、销及回收等各个环节控制艰难的困境，RFID技术将智能感知和智能控制贯穿于生产制造活动的设计、生产、管理、服务等各个环节，并以此全面提升企业的智能化水平，RFID技术也逐渐成为企业降本增效、创新发展和转型升级的重要技术选择。

由于RFID技术在物联网发展中占据重要地位，中国政府也已逐步意识到该技术对社会经济发展的重要影响。近年来，国务院积极出台各种激励政策以推动RFID技术的研发及应用发展，扶持RFID技术应用成功的企业，并鼓励更多企业采纳RFID技术。2006年6月，十五部委发布的《中国射频识别（RFID）技术政策白皮书》中明确指出："要大力发展RFID技术，集中开展RFID核心技术的研究开发，促进具有竞争力的产业链形成，使中国在该领域占有一席之地。"随后，我国将RFID技术的应用发展纳入"十一五""十二五""十三五"规划之中，充分发挥政府的能动作用，推动我国RFID技术应用市场的建设和发展。经过十多年的发展，RFID技术在我国的发展已相对成熟，并在供应链、食品、交通、医疗、图书管理、物流运输等多个领域进行了大量成功应用。截至2018年底，我国RFID行业市场规模到达840亿元，主要分布在华南、华东以及华北等地区，分布情况相对集中①。根据法国调研机构（Yole）对全球市场及中国市场占比预测，我国RFID行业市场将在2022年超过900亿元，RFID技术的成熟度和影响力也在不断加强。

① 资料来源：RFID世界网．中国RFID进行成熟发展阶段［EB/OL］.（2019-05-21）. http://tech.rfidworld.com.cn/2019_05/fb096817afe061e1.html.

尽管 RFID 在我国经济社会发展和转型升级中发挥着越来越重要的作用，其应用规模和范围也在不断扩大，但当前我国企业的 RFID 采纳率和应用效果还远不如预期。国内外大量研究表明，RFID 在各产业的快速渗透（产业扩散）以及企业对该技术的科学采纳，是提升 RFID 采纳率和保障应用成效的重要基础，并对其价值创造至关重要。关于企业 RFID 采纳及扩散问题，国内外学者进行了大量研究，然而现有研究重点关注于该技术的采纳决策行为、采纳影响因素、扩散影响因素等方面，且大多为静态研究，将采纳与扩散结合起来的系统性研究则相对较少。鉴于企业 RFID 采纳扩散过程是一个较为复杂的动态过程，因此从动态视角研究我国企业 RFID 采纳扩散过程的规律和机理，并以此提出科学合理的 RFID 采纳扩散策略就成了亟待解决的问题。

1.1.2 研究意义现状

作为物联网的关键使能技术之一，RFID 技术的采纳扩散有利于提高企业管理水平和技术水平，推动物联网技术发展，并进一步推进企业智能转型和升级。本书针对物联网环境下企业 RFID 采纳扩散问题，基于系统动力学理论，系统深入研究 RFID 采纳扩散规律与机理，以此提出相应的推动策略。因此，本书具有重要理论价值和应用价值。

（1）理论价值。

本书从 RFID 采纳扩散影响因素、采纳扩散机理模型构建、采纳扩散机理模型仿真、采纳扩散推进策略等方面入手，研究物联网环境下企业 RFID 采纳扩散的相关理论和策略，可丰富和拓展信息技术/信息系统（IT/IS）采纳扩散理论、系统建模与仿真理论的研究和应用领域。

（2）应用价值。

本书结合我国 RFID 技术采纳扩散现状，在借鉴国外技术创新扩散实践经验的基础上，基于数据调研、案例资料及模型仿真分析，从优化 RFID 采纳扩散支撑环境、健全 RFID 技术创新机制和完善 RFID 技术传播机制三个方面提出推进企业 RFID 采纳扩散的策略，可促进 RFID 技术在我国企业的科学采纳及合理扩散，提升 RFID 采纳率和应用效果。

1.2　国内外研究现状

1.2.1　RFID 技术研究

RFID 技术的概念最早出现于 20 世纪 40 年代[3]，并于 90 年代随着 RFID 技术由军用转为商用开始逐渐受到重视。汉内尔等（Hahnel et al.）认为 RFID 是一种允许计算机远程读取射频标签的无线通信技术[4]；而《中国射频识别（RFID）技术政策白皮书》则表示，RFID 是一种利用射频通信实现的非接触式自动识别技术，通过快速读写、非可视识别、移动识别、多目标识别、定位及长期跟踪管理等功能，实现与互联网等技术的融合，并对全球范围内物品进行跟踪与信息共享[5]。从理论发展的角度来看，关于 RFID 技术的概念虽然暂无统一的描述，但已形成了广泛的社会共识。

围绕着 RFID 相关技术，国内外学者进行了一系列深入研究：谢等（Xie et al.）针对 RFID 系统应用环境不同带来的可靠性存在差异化问题，提出了一种数据驱动模型并构建两种不同的方法对系统应用环境进行测试，通过分析影响 RFID 系统可靠性的因素来评估 RFID 系统的可靠性[6]；程等（Cheng et al.）提出了一个基于 RFID、层次分析法（the analytic hierarchy process，AHP）、案例推理（case-based reasoning，CBR）的工作流决策支持系统，利用该系统，制造商可以捕获实时数据，通过 AHP 方法来识别潜在风险及其不确定性，以此减少计划提前期和客户关于风险处理的投诉数量[7]；刘博洋等研究了具有流数据处理和语义分析功能的嵌入式 RFID 中间件体系结构，该中间件可以突破传统中间件数据采集和数据集中处理的局限性，对 RFID 大规模运用产生的海量数据进行有效处理[8]；应俊等针对 RFID 中间件效率低并缺乏统一标准的问题，提出了一种基于应用层事件（application level event，ALE）规范的通用分布式 RFID 中间件架构，该架构可提供统一接口，并降低 RFID 系统规模过大所产生的不良影响[9]；高等（Gao et al.）针对 RFID 系统中的安全及隐私问题，提出了一种根据访问控制的新方法，该方法可以利用随机读取访问控制，从而防止恶意跟踪和中间人攻击，不仅降低了计算负荷，还适用于具有大量标签的 RFID 系统[10]。

1.2.2 RFID 技术应用研究

目前 RFID 技术已应用于包括供应链、物流以及食品在内的多个领域，其中供应链及物流领域的应用较为成熟，其他行业的应用也再逐步拓展成熟。国内外关于 RFID 应用研究较为广泛，下面将从供应链、物流、制造业、农产品、食品及医疗卫生等领域对 RFID 技术应用现状进行系统性描述与总结。

（1）供应链领域。

田岛（Tajima）对 RFID 在供应链管理中的战略价值（创造并维持竞争优势）进行了研究，研究结果表明在供应链管理中 RFID 技术可以有效地降低管理成本并提高生产效率[11]；崔（Choi）对 RFID 在具有供应商管理库存（vendor managered inventory，VMI）方案的单一制造商和单一零售商组成的两级供应链中的使用进行了研究，构建了在采用 RFID 和不采用 RFID 两种情况下的供应链模型，探讨了供应链的风险水平和预期利润，并提出供应链的调节措施[12]；杨亚等针对新鲜度信息不对称情况下的 RFID 投资后供应链收益协调问题进行了研究，使用单周期报童模型构建了集中型和分散型供应链 RFID 技术应用前后的利润模型，该模型可以分析投资技术的标签成本阈值以及协调供应链的回购契约形式[13]；张李浩等以单制造商和单零售商组成的两级供应链为研究对象，采用报童（newsvendor）模型建立了不同情景链上成员的收益模型，分析了供应链成员的最优期望收益，并基于此得到了供应链成员共同投资 RFID 时的协调策略[14]；张等（Zhang et al.）对供应链中批发价格和回购合同下的 RFID 采纳策略进行了研究，通过报童模型构建了采纳和未采纳两种情况下的最优合同条款，研究结果表明批发价格合同将导致双重边缘化问题，而回购合同则可以协调供应链[15]。

（2）物流领域。

张等（Zhang et al.）针对第三方物流在电子商务应用中技术含量低的问题，研究了基于 RFID 的物流信息系统，结果表明：基于 RFID 的物流信息系统可以完成对物流货物数据的自动采集，促进物流跟踪及互联网实时监控，以提高物流过程的安全性和透明度[16]。吴丰铭等基于 RFID 货物远程识别、自动存取以及计算机网络通信技术等技术，开发了仓库物流中心管理系统，研究结果表明：利用仓库物流中心管理系统，可以实现对进出口仓库以及库存货物的控制管理，提高物流运作效率并节约物流配送成本[17]。任晓翠等针对物流配送路线即时控制优化的问题，研究了基于 RFID 技术的物流配送路线即时优化系统设计方法，研究结果表明：采用该系统进行物流配送路线规划，对物流配送路线的总体控制效果良好，系统测试结果可靠性高[18]。喻春雪等基于 RFID 技术对货物追溯系统进行了研究，开发了智能化的物流信息系统，研究结果表明：利用该物流信息系统，可以实现对货物状态、货物来源、货物品牌进行追溯，从而提升消费者的安全感、消费体验和满意度[19]。李瑞贤等针对货物频繁流通中的食品安全问题，提出了控制冷链物流的 RFID 车载监控系统，研究结果表明：利用冷链物流监控系统，可以实现冷链运输过程中的温度监测、车辆轨迹核对、车载设备数据传输及管理[20]。

（3）制造业领域。

王等（Wang et al.）研究了基于智能集成的 RFID 系统，以实现对挪威制造企业的实时可追溯和制造过程透明化，并支持挪威制造业在全球竞争中的生存和发展[21]；李文川等研究了寡头垄断市场环境下制造/再制造企业对 RFID 技术的投资决策问题，构建了企业 RFID 技术采纳投资的两阶段收益模型，并以此得到了 RFID 技术采纳前后两类收益模型的最有产品定价策略和最有利润函数[22]；王琪等研究了智能制造中的 RFID 区域碰撞问题，基于现有防碰撞算法提出了一种改进算法，仿真结果表明，改进型算法吞吐率最高可达 48%，提高了系统在干扰环境下多标签的读取效率[23]；石磊等针对数字化车间制造过程中产品实时信息难以跟踪、车间调度缺乏准确实时性等问题，提出了基于 RFID 和海杜普（Hadoop）云存储的农机数字化车间制造过程系统，实现了车间制造过程数据采集管理及产品追踪功能[24]；蒋天齐等针对目前电能表制造企业应用条形码作为信息获取方式在实际生产中带来的信息存储量小、信息时效性低等问题，提出了结合印制电路板（PCB）集成化RFID标签应用的生产制造流程，实现了电能表制造企业生产制造的透明化与后台信息管理的透明化[25]。

（4）农产品与食品领域。

凯勒波里斯等（Kelepouris et al.）针对消费者对食品安全缺乏信心的问题，设计了一种基于RFID技术的可追溯系统，该系统可以为中小型企业及其合作伙伴提供对供应链经济、高效、全面且可验证的实时查询与追溯，以提升食品安全可信度与企业管理效率[26]；洪等（Hong et al.）在分析RFID与食品追溯系统现状的基础上，提出了一个促进食品可追溯系统的框架，基于此制定了定价策略，并分析了与RFID制造商、DC以及零售商的便利店供应链相关的利润和成本[27]；付等（Fu et al.）研究了由零售商、制造商及供应商组成的新鲜食品供应链的RFID投资决策问题，运用博弈论方法分析了RFID投资有利可行的条件以及投资成本的分摊问题，并以此确定采购战略选择和RFID投资的最佳联合决策[28]；赵国结合目前我国农药残留对蔬菜质量安全的威胁问题，设计了一套蔬菜质量安全专用的溯源系统，将RFID技术与二维条形码技术相结合应用于蔬菜质量安全系统信息的追溯和共享，以实现对蔬菜市场规范且高效的管理[29]；赵燕妮将RFID技术与包装技术相结合，设计了一种基于RFID技术并应用于食品、药品等包装盒的智能包装方法，以此降低RFID标签与包装制品的捆绑成本，并实现政府及企业对商品在流通环节的监管和信息追溯[30]。

（5）医疗卫生领域。

黄等（Huang et al.）针对老年人记忆力随年龄增长而逐渐消退

的问题，提出了一种智能射频识别系统，通过系统中的提醒和调度的功能，以促进老年人独立生活并改善他们的生活质量[31]。罗等（Luo et al.）在分析了医院出入检测系统容易受到不必要因素干扰现状的基础上，提出了一个基于多个无源 RFID 标签的医院出入检测系统与使用数据挖掘的相应算法，以降低检测成本、扩大检测区域并实现多人检测和多种行走行为检测[32]。布拉德雷等（Bradley et al.）在超过 3300 家美国医院的 8 年纵向数据的基础上，研究了 RFID 与电子数据交换（electronic data interchange，EDI）的联合使用对医院绩效的影响，研究结果显示：在采纳初期，RFID 与 EDI 捆绑采纳医院的供应链成本效率降低且人员费用明显提升，但随着时间的推移，这些负面效应逐渐降低并逐渐形成良性循环，医院病人的再接受率也在持续降低[33]。程等（Cheng et al.）为了实现对医院相关被标记物体的实时追踪，提出了一个用于医院病房管理的 RFID 平台，该平台可以实现对个人及医院资源的实时监控和追踪，以提升医院的病房管理效率及患者的安全性，减轻疾病传染的风险[34]。塔帕等（Thapa et al.）针对澳大利亚医院急诊部过度拥挤的问题，研究了具有急救检伤分类（triage）量表的急诊部救助模型，并根据医疗保健领域的救助模式进行对比评估，以寻求急诊部最佳的 RFID 集成途径[35]。

1.2.3 企业 RFID 采纳行为研究

关于企业 RFID 技术采纳的问题，国内外学者对其进行了大量研究，总体来说可以归纳为静态和动态两个方面。本部分首先从静态角度出发，分别从组织层面和个体层面两个角度对企业 RFID 技术采纳行为及其影响因素进行综述。

（1）组织层面。

基于组织层面的视角，蔡（Tsai）从组织准备和制度环境两个角度着手，分析了企业 RFID 采纳决策行为的影响因素，研究结果表示投资成本对企业 RFID 采纳决策影响最大[36]。颜波等着眼于农产品供应链中 RFID 采纳决策的影响因素，构建了技术—组织—环境（technology-organization-environment，TOE）研究框架，结果表明企业规模是影响 RFID 采纳决策行为的关键性因素[37]。玛塔（Matta）通过对 210 位供应链部门高层管理人员代表所提供的问卷调查进行数据分析，研究了采纳、试用及大规模应用这三个不同阶段中的 RFID 采纳行为的影响因素，结果表明高层领导支持在三个阶段都起着重要作用，外部压力影响着 RFID 的采纳和 RFID 系统的大规模应用，组织规模在 RFID 试用以及大规模应用阶段都起着积极的作用[38]。拉马克里希南（Ramakrishnan）则对英国物流服务部门的 RFID 采纳行为进行了研究，研究表明技术可用性以及政府支持是影响企业采纳决策行为的关键性要素[39]。

（2）个体层面。

基于个体层面的视角，陈晓红等在技术接受模型（technology acceptance model，TAM）的基础上，建立了包含技术在内的企业 RFID 采纳模型[40]。彭红霞等借助 TOE 框架开展了实证研究，研究结果表明技术复杂性、技术兼容度、标准不统一、组织准备、高管支持、信息技术（IT）能力、环境不确定性、交易伙伴命令、竞争压力、政府支持和变革推动者是企业采纳 RFID 技术的主要决定性因素[41]。倪（Ngai）通过案例分析的方法，对我国服装厂基于 RFID 制造过程管理系统进行了研究，研究表明技术因素（相对优势等）以及需求因素（竞争者/顾客压力等）对采纳决策行为产生明显影响[42]。杨健等基于

TAM 模型，对食品企业 RFID 采纳决策行为的影响因素进行了实证研究，结果表明是否采用集成管理系统、决策者受教育程度都会对采纳行为造成较大影响，而公司资产、决策者年龄对采纳决策行为影响不大[43]。侯赛因等（Hossain et al.）对 RFID 采纳的影响因素进行了研究，并基于此构建了 TOE 框架，研究表明兼容性是强制性环境中的主要因素，而成本和预期效益是影响自愿采纳的关键因素[44]。赖等（Lai et al.）基于 TOE 框架，研究了医院高层管理人员采纳 RFID 技术的影响因素，结果表明成本、普遍性、兼容性、安全性和隐私风险、高层管理支持、医院规模、财务准备和政府政策是影响医院 RFID 采纳的主要因素[45]。吴等（Wu et al.）对供应链中 RFID 采纳的影响因素进行了研究，研究结果表明技术复杂性、技术成熟度、高层管理支持、贸易伙伴权利以及贸易伙伴准备程度是 RFID 在供应链活动中采纳的重要影响因素[46]。上述研究结果如表 1－1 所示。

表 1－1　企业 RFID 采纳行为影响因素的文献分析

类别	影响因素		蔡[36]	颜波等[37]	玛塔[38]	拉马克里希南[39]	陈晓红等[40]	彭红霞等[41]	倪[42]	杨健等[43]	侯赛因等[44]	赖等[45]	吴等[46]	频数
技术维度	1	成本	√	√					√		√	√		5
	2	技术复杂性	√	√				√	√				√	5
	3	技术兼容度		√				√	√		√	√		5
	4	技术成熟度（相对优势）	√			√	√						√	4
	5	安全性										√		1
	6	标准不统一						√						1

续表

类别	影响因素		蔡[36]	颜波等[37]	玛塔[38]	拉马克里希南[39]	陈晓红等[40]	彭红霞等[41]	倪[42]	杨健等[43]	侯赛因等[44]	赖等[45]	吴等[46]	频数
组织维度	7	企业 IT 能力						√		√			√	3
	8	组织规模		√	√							√		3
	9	高层管理支持		√	√		√	√	√	√		√	√	8
	10	组织准备						√						1
环境维度	11	竞争压力		√	√		√	√	√					5
	12	政府支持		√		√		√	√			√		5
	13	环境不确定性						√						1

通过对相关研究结果的初步统计分析来看，企业 RFID 采纳的主要影响因素依次为：高层管理支持、成本、技术复杂性、技术兼容度等，此外还有竞争压力和政府支持等。

1.2.4 企业 RFID 采纳扩散过程研究

本部分从动态视角出发对企业 RFID 采纳扩散过程进行综述，鉴于企业 RFID 采纳扩散过程研究是对传统信息技术采纳扩散过程研究的进一步拓展和深化，因此先对传统 IT 采纳扩散过程研究进行概述，并在此基础上对企业 RFID 采纳扩散过程研究进行综述。

（1）信息技术采纳扩散过程。

根据不同的理论视角信息技术采纳扩散过程被划分为不同阶段。

麦克法伦（McFarlan）和麦肯尼（McKenney）较早地从组织视角提出 IT 采纳过程的四个阶段，分别为技术识别与投资、组织学习与调试、系统实施的合理化控制、技术扩散。其后库珀（Cooper）提出了 IT 技术吸收过程主要有三个阶段，这三个阶段分别为：初始化—采纳—同化（initiation-adoption-assimilation）[47]。加利文（Gallivan）在库珀的 IT 技术过程模型基础之上，结合实施过程相关要素，提出了自己的 IT 实施过程模型，该模型将 IT 技术吸收过程主要概括为六个阶段，即启动、采纳、适应、接受、常规化和融合[48]。而罗杰斯（Rogers）的创新扩散理论将创新技术的扩散分为五个阶段，分别是问题识别、匹配、组织/流程再造、厘清以及日常化[49]。祝效国在对企业 IT 技术采纳内化规律进行研究的过程中，通过对现有 IT 采纳扩散过程研究成果的提炼和总结，提出了企业 IT 技术吸收过程的三阶段模型（初始化阶段—采纳阶段—常规化阶段，initiation-adoption-routinization），并实证研究表明：竞争压力在企业信息技术吸收的第一阶段和第二阶段具有正向影响，但在第三阶段呈现负面影响[50]。

（2）RFID 采纳扩散过程。

在信息技术采纳扩散过程研究的基础之上，国内外学者对企业 RFID 采纳及扩散的过程机理进行了相应研究。惠特克（Whitaker）提出了包括企业 RFID 采纳及价值创造两个阶段的理论框架，并对此进行了实证研究，研究结果表明合作企业支持、广泛 IT 部署与 RFID 采纳的早期收益正向相关，而缺乏标准则会使 RFID 投资回报延迟[51]。侯赛因（Hossain）研究了 RFID 采纳扩散过程的影响因素，并在此基础上提出了适用于孟加拉国的 RFID 采纳扩散过程概念框架[52]。奎德斯（Quaddus）对澳大利亚 221 个牲畜养殖场使用 RFID

技术的追踪调查，研究检验了十个因素对 RFID 同化过程的四个阶段（即启动、采纳、常规化及扩散）的影响[53]。陈（Chen）构建了具有决策延迟的三阶段 RFID 采纳模型，将采纳扩散过程分为启动、采纳及扩散三个部分，并通过模型仿真提出对政策制定的相关建议[54]。景熠等从采纳类型等五个特征属性方面对企业 RFID 采纳三个阶段（即启动、采纳及常规化）的行为进行了结构化描述，并在此基础上构建了企业 RFID 采纳内化的概念模型[55]。

本书对现有主流采纳扩散过程模型进行了对比分析，如图 1－1 所示。

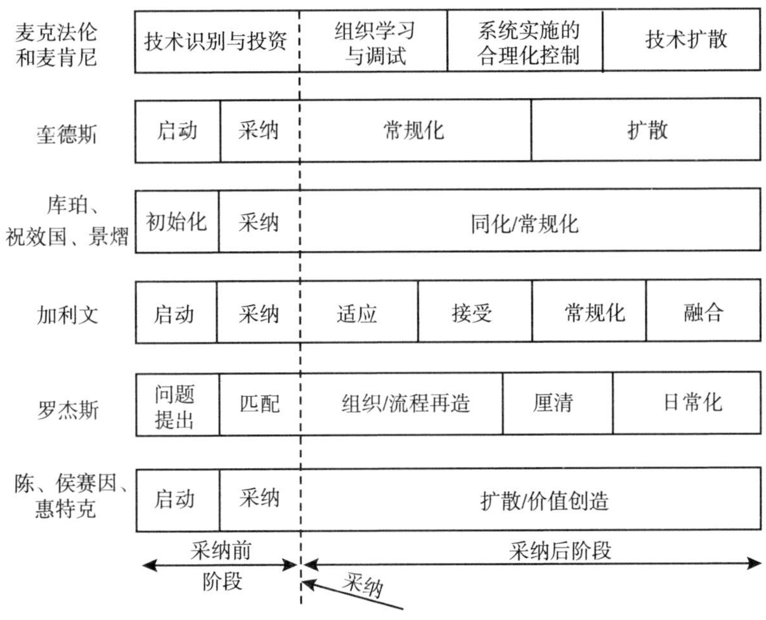

图 1－1 现有主流采纳扩散过程模型比较

由图 1-1 可以看出，当前学术界对于 IT 及 RFID 采纳扩散过程的阶段划分存在一定差异，还没有形成一个统一的划分标准。因此，本书在上述主流采纳扩散过程模型对比分析的基础上，结合企业 RFID 采纳扩散的特点，将企业 RFID 采纳、内化及扩散过程划分为两个主要阶段，即采纳阶段和扩散阶段。

其中，采纳阶段又可以具体分为采纳前和采纳后两个阶段。以采纳行为为界，采纳前的初始化等准备工作归为采纳前阶段，将内化归为采纳后阶段。此外，现实中技术扩散又分为两种情况：一是某项新技术产生、发展并在相关产业渗透，即产业层面的扩散；二是某产业内的某单个企业采纳并应用该新技术后，由于其应用效果明显，后续继续采纳该技术，甚至该技术被供应链上的伙伴企业采纳应用，即企业层面的扩散。

本书所指的扩散研究主要针对的是产业层面的技术扩散进行研究。首先从产业层面探索研究 RFID 被潜在采纳者接受的过程，在此基础上，分析 RFID 在企业内认知、接受并融合的过程，据此提出企业 RFID 采纳扩散推进策略。

1.2.5 现有研究的评述

从前述对现有企业 RFID 技术研究、企业 RFID 应用研究、企业 RFID 采纳行为影响因素研究、企业 RFID 采纳扩散过程研究综述以及对它们的分析来看，国内外现有研究成果还存在如下不足之处：

(1) 基于动态视角的企业 RFID 采纳研究较少。

现有关于企业 RFID 采纳影响因素及其作用机理的研究，主要基于静态视角，研究中往往假设 RFID 采纳系统外部因素和内部因素的影响作用大小不变，这与现实情况存在差距。现实中，企业 RFID 采纳过程可以看作一个复杂的动态反馈系统，采纳系统内外部影响因素的作用会随企业内外部环境的变化而动态变化。为了真实刻画企业 RFID 采纳系统的运行过程，本书基于系统动力学理论，拟从影响因素及其作用机理的动态变化视角来系统研究企业 RFID 采纳系统的规律和机理。

（2）综合考虑 RFID“企业内采纳—产业中扩散”渐进过程的整体性研究还很缺乏。

RFID 采纳扩散是一个由企业向产业渐进扩散的复杂动态过程，现有研究少有将 RFID“企业内采纳—产业中扩散”作为一个整体进行研究，部分学者虽然关注到这一点并尝试对采纳扩散机理进行研究，但更多关注的是企业内部的采纳扩散问题，且现有研究多为概念性、描述性研究，基于数学模型的定量化研究成果还很缺乏，难以深刻揭示出 RFID 产业扩散并被企业采纳应用这一过程的内在机理和一般规律。因此，有必要从整体性视角来进行研究。

1.3 研究方案

1.3.1 研究目标

第一，分析企业 RFID 采纳扩散过程规律，结合 RFID 采纳扩散实际情况，描述系统及子系统的影响因素、各因素之间因果关系、反馈机制和作用路径，构建 RFID 采纳扩散影响因素系统，绘制系统因果关系图。

第二，基于系统动力学理论，明确 RFID 采纳扩散流位流率系，构建系统动力学模型；确定模型中各级因素的权重及仿真参数，建立仿真模型的动力学方程，并对模型进行检验，确定模型的逻辑、行为模式及稳定性是否达到实际应用及仿真标准。

第三，对企业 RFID 采纳扩散系统动力学模型进行仿真，定量分析影响因素的作用效果，并在此基础上，结合企业 RFID 采纳扩散现状及问题，提出 RFID 技术采纳扩散推动策略。

1.3.2 研究内容

本书的研究围绕以上三个目标进行，按照“问题提炼→理论分析→模型构建→仿真实验→策略提出”的总体思路，结合企业 RFID 采纳扩散实际，研究了企业 RFID 采纳扩散过程影响因素及动态机理，构建了企业 RFID 采纳扩散系统动力学模型，并基于仿真结果提出了推动企业 RFID 采纳扩散的策略。本书共由 7 章组成，具体章节内容安排如下：

第 1 章绪论。本章介绍了本书研究的背景及意义，阐述了 RFID 技术研究现状、RFID 技术应用现状、企业 RFID 采纳行为影响因素、企业 RFID 采纳扩散过程机理相关国内外研究成果，说明了目前待解决的问题、创新之处、研究方法以及框架结构，厘清了全书的逻辑结构和研究顺序。

第 2 章理论基础。本章介绍了 RFID 采纳扩散过程建模的相关理论，在分析 RFID 技术概念及优势的基础上，从创新扩散理论、TOE 框架及反对者理论三个方面，介绍了 RFID 采纳扩散研究的相关理论，分析了不同理论对 RFID 采纳扩散过程研究的支撑作用；从系统动力学的概念、流率基本入树的概念及建模方法多个方面，介绍了系统动力学建模研究的相关理论，分析了系统动力学应用于企业 RFID 采纳扩散过程研究的可行性。

第 3 章企业 RFID 采纳扩散影响因素。本章首先在已有研究成果的基础之上，从系统动力学的角度对企业 RFID 采纳扩散过程进行了研究，将企业 RFID 采纳扩散的影响因素从系统的角度进行了分类和研究，分别梳理了采纳子系统对应的等待采纳者决策过程和扩散子系统对应的潜在采纳者技术信息获取过程特征；其次结合企业 RFID 采纳扩散实际情况，对子系统中细分影响因素及各因素之间的因果关系进行了描述说明，构建了企业 RFID 采纳扩散影响因素系统，在此基础上绘制了企业 RFID 采纳扩散系统因果关系图。

第 4 章企业 RFID 采纳扩散机理模型。本章首先在对系统动力学建模原理、步骤思路进行描述后，以因果关系图为基础，构建了企业 RFID 采纳扩散系统流位流率系；其次在明确流位流率系的基础之上，构建了企业 RFID 采纳扩散流率基本入树模型，建立了系统参数集，并绘制了企业 RFID 采纳扩散系统流图。

第 5 章 RFID 采纳扩散机理模型仿真。本章首先梳理并总结了仿真模型中方程构建及参数估计的方法；其次通过网络层次分析法和问卷调查等方式，确定了 RFID 采纳扩散系统中各级因素的权重及模型参数，以此构建了仿真模型的动力学方程；最后对 RFID 采纳扩散系统动力学模型进行模型检验，确认通过模型检验后，对系统模型进行了仿真分析。

第 6 章企业 RFID 采纳扩散推进策略。本章基于企业 RFID 采纳扩散模型仿真分析结果，结合 RFID 采纳扩散现状及问题，从优化

RFID 采纳扩散支撑环境、健全 RFID 技术创新机制和完善 RFID 技术传播机制三个方面，对我国 RFID 采纳扩散过程科学化、合理化实施提供了理论依据和对策建议。

第 7 章总结与展望。本章总结了全书的主要工作及研究结论，指出了研究尚存的不足之处，并提出了未来研究方向和待解决的问题。

1.4 研究方法和技术路线

1.4.1 研究方法

本书采用的研究方法主要如下：

（1）文献研究方法。

通过查阅研究国内外相关文献，明确了 RFID 技术的概念及特征优势、目前主要应用领域、RFID 采纳扩散主要理论，分析了目前国内外企业 RFID 技术现状及采纳扩散过程相关研究成果，总结提炼出企业 RFID 采纳扩散过程的特点、内在规律和动态机理，为研究奠定了坚实的理论基础。

（2）调查研究与案例研究方法。

通过收集并分析国内外企业 RFID 采纳扩散的典型案例，提炼出企业 RFID 采纳扩散的特征过程及细分影响因素，并总结出企业 RFID 采纳扩散系统中各细分因素之间的联系，为提取企业 RFID 采纳扩散系统影响因素集和模型构建奠定基础。

（3）概念模型研究方法。

在企业 RFID 采纳扩散系统影响因素、企业 RFID 采纳扩散机理模型研究中，都运用了概念模型研究方法，按照柔性化的思想和方法构建相应的概念模型，考虑了模型的可拓展性，并为后续的数学建模奠定基础。

（4）数学建模与仿真实验方法。

在企业 RFID 采纳扩散系统动力学仿真应用研究中，利用网络层次分析法（analytic network process，ANP）方法及 SPSS 软件对调研所得数据进行统计处理，在获得所需参数和权重的基础上构建仿真模型中的方程模型；确定仿真参数，利用 Vensim PLE 软件对模型进行仿真，根据仿真结果提出对应的推进策略。

1.4.2 研究路线

本书围绕着“物联网环境下企业 RFID 采纳扩散机理及策略”这一研究主题，以“问题挖掘→理论分析→数据搜集→模型构建→仿真实验→策略提出”为研究思路，综合采用文献研究、概念模型研究、调查研究与案例研究、数学建模与仿真实验等定性研究与定量研究相结合的方法，提出了具有实践价值的企业 RFID 采纳扩散机理及推进策略的基本理论。本书的具体研究技术路线如图 1－2 所示。

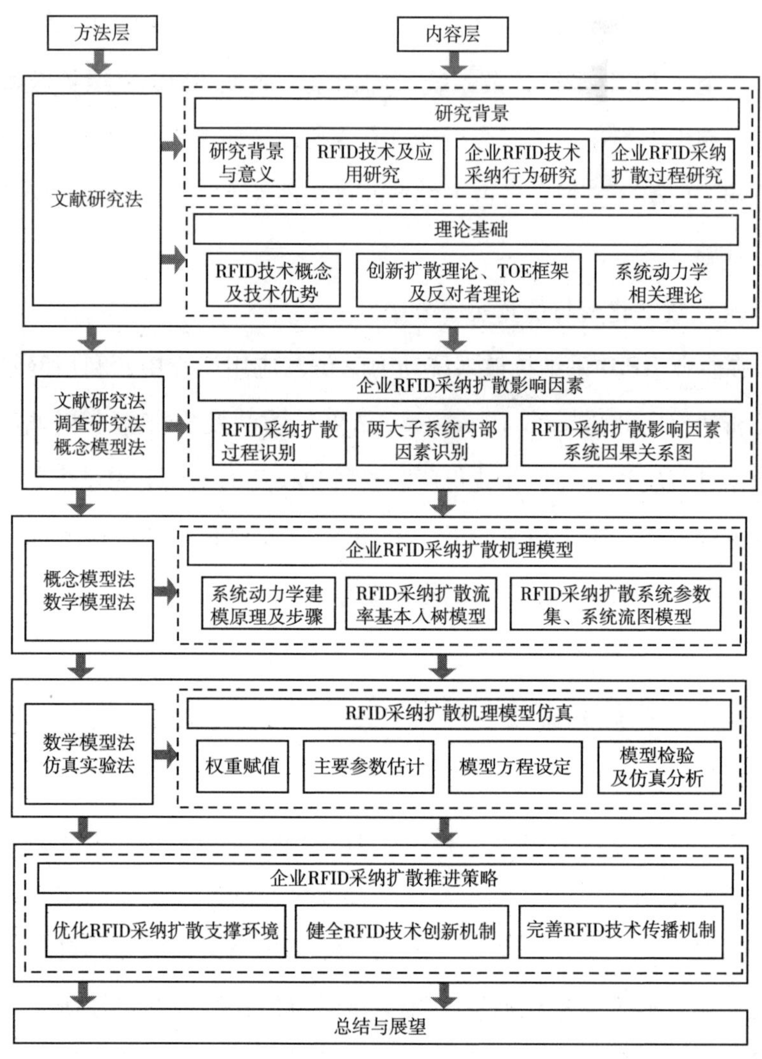

图 1－2　本书的技术路线

1.5　主要创新点

本书研究的主要贡献及创新点体现在以下几个方面：

（1）提出了“Bass + TOE”相结合的企业 RFID 采纳扩散影响因素研究思路。

将创新扩散领域常用的巴斯（Bass）模型与 RFID 采纳行为研究领域常用的 TOE 框架结合起来，研究了扩散子系统对应的潜在采纳者技术信息获取过程和采纳子系统对应的等待采纳者决策过程特征，从采纳扩散系统影响因素间反馈关系、作用路径、因果回路及系统划分等方面系统研究了企业 RFID 采纳扩散影响因素。“Bass + TOE”相结合的企业 RFID 采纳扩散影响因素研究丰富了 IT/IS 采纳扩散理论研究及应用领域。

（2）构建了基于反对者视角的企业 RFID 采纳扩散机理动力学模型。

首次将反对者视角引入企业 RFID 采纳扩散过程，从采纳者和反对者两方面系统研究其对企业 RFID 采纳扩散的影响。根据采纳扩散过程中涉及的四类行为主体，基于系统动力学理论，分别以“反对者—潜在采纳者—等待采纳者—采纳者”为流位建立了流率基本入树模型，为 RFID 技术在产业层面的扩散和企业层面的采纳提供了科学化、合理化的理论指导。

（3）系统提出了物联网环境下企业 RFID 采纳扩散推进策略。

借鉴国内外 RFID 采纳扩散的经验与启示，立足于我国 RFID 采纳扩散现状及问题，从影响企业 RFID 采纳扩散的关键因子出发，以技术创新、传播及支撑环境三个方面为切入点，从优化 RFID 采纳扩散支撑环境、健全 RFID 技术创新机制和完善 RFID 技术传播机制三个方面系统提出了推动企业 RFID 采纳扩散的策略。

第 2 章

理论基础

2.1 RFID 技术概述

2.1.1 RFID 技术的概念

RFID 作为一种非接触式自动识别技术，主要由标签（tag）、阅读器（reader）和天线（antenna）这三个最基本的部分组成，标签与阅读器无须接触便可对传输数据进行识别。RFID 存在许多种类型，根据标签对电源需求的不同，RFID 可以被分为两大类别：有源识别装置和无源识别装置。有源标签要求电源的持续供应，在实际应用过程中，有源标签可通过连接供电设施，或使用储存在集成电池中的能量实现对标签的能源供应。然而，成本、标签大小和标签寿命使得有源识别装置在零售贸易过程中的应用变得不切实际，此时无源标签的优势就凸显出来。无源标签不需要持续的电源供应，标签体积小，能够应用于多种实际情况，因此随着社会的发展和 RFID 技术成熟度的增高，无源标签被越来越广泛的应用于社会各领域，并且得到广泛认可。

通常情况下，按照工作频率的不同，可将RFID分为低频、高频、超高频以及微波这四类。低频标签的工作频率范围为30～300KHz，通常为无源标签，阅读距离小于1米，典型应用主要包括：动物追踪、容器识别、工具识别、门禁管理等。高频段射频标签的工作频率范围为3～30MHz，工作原理与低频标签完全一致，仅工作频段略有不同，是实际应用范围最广的一种射频标签，典型应用主要包括：电子车票、电子身份证、电子闭锁防盗（电子遥控门锁控制器）、物品追踪、智能卡、图书管理等。超高频射频标签的工作范围为850～910MHz，此类标签可分为有源标签和无源标签两类，典型应用主要包括：集装箱运输、单品级物品追踪、公路车辆识别、自动收费系统等。微波频段射频标签典型的工作频率为2.45GHz，阅读距离一般大于1米，典型情况为4～6米，最大可达到10米以上，典型应用主要包括：人员定位管理、移动车辆识别、医疗科研等。目前在实际应用中，近距离RFID系统主要使用125KHz、13.56MHz等低频和高频频段（技术最为成熟），远距离RFID系统则主要使用860MHz、902MHz等超高频频段，而微波频段（如2.45GHz等）目前多在测试过程中，暂时没有大规模的应用。

2.1.2 RFID相对于条形码的技术优势

条形码也是一种自动识别技术，从20世纪70年代开始就广泛应用于零售业、物流、医院以及图书馆等众多领域。但随着RFID技术在全球范围内的应用和不断扩散，在众多领域发挥重要作用的条形码技术逐渐失去优势地位，转而呈现出RFID技术与条形码技术共存的局面。与条形码相比，RFID技术具有以下优势：

（1）识别能力。

RFID 在识别距离、识别难易度以及识别速度等方面都表现出优于条形码的特征。首先是识别距离，RFID 可识别范围最大可达到几千米，而条形码由于其人工扫描的特性，可识别范围一般为几十厘米；其次是识别的难易度，RFID 的读取不受方向的限制，无须人工操作，可在不可视条件下正常工作，而条形码在读取上必须垂直扫描，大多需要人工操作，需要在可视情况下工作。

（2）穿透性。

RFID 在被覆盖或遮挡的情况下，可以穿透纸张、木材和塑料等非金属材质进行目标信息识别，适用于多种环境需求；而条形码则必须保证与扫描机之间没有物体遮挡，否则将无法完成条形码的读取工作，对环境要求较高。

（3）耐久性。

RFID 以芯片为载体，隐藏在塑料、纸张等物体的内部，具有较强的隐蔽性和耐久性，不容易受到污染，对水、油、化学物品等都具有较强的抵抗能力，具有较强的环境适应能力；而条形码以纸张为载体，附在塑料包装或纸箱的外部，较容易受到温度、湿度及化学物品的污染或腐蚀，对环境要求高。

（4）信息处理能力。

RFID 具有存储能力，主要存储实时的动态数据，数据存储量可达几千字节，能够对存储数据进行重复多次的增删改查操作，且标签内部所存储的数据可被反复阅读，通过删除数据的过往记录可实现标签的重复利用；而条形码基本不具备数据存储能力，主要处理静态的信息，通过扫描的方式将信息传回后台数据库，依赖数据库系统实现数据的更新，由于条形码纸质载体回收及数据更改的困难，难以实现重复利用。

（5）安全性。

RFID 承载的信息主要表现为数据信息，这类信息可通过加密算法的方式，保证信息内容不被恶意窃取、篡改或伪造，数据安全性较高；而条形码主要存放静态信息，无法对信息进行加密，数据安全性较低。

2.2 IT/IS 采纳扩散相关理论

2.2.1 创新扩散理论

20 世纪初，熊彼得（J. A. Schumpeter）提出了技术创新理论，他曾在《经济发展理论》中指出："技术变革分为发明创新和扩散两个阶段，创新扩散是技术变革至关重要的一环，其作用远比创新本身更重要"，并认为"技术创新扩散就是技术创新的大面积或大规模的模仿"[56]。在这一开创性理论的影响下，广义技术创新过程被分为三个阶段：发明、创新和扩散。从某种意义上说，发明偏向技术，对应知识创新，而扩散则更多对应于商业。技术创新对社会的意义主要通过大规模的实际应用来实现，如果没有扩散阶段，发明与创新几乎不对社会和经济造成影响。这种认知便引发了对广义技术创新过程第三阶段——扩散阶段的研究。

扩散一词最早用于描述物理热运动，后来则是被广泛应用于技术创新的研究领域。国内外学者在对技术扩散阶段研究的过程中，对技术扩散一词概念的理解逐渐分化为三种理论观点：一是以罗杰斯

（Rogers）为代表的传播论；二是以曼斯菲尔德（Mansfield）为代表的学习论；三是以方新为代表的效益论。其中，作为传播学理论奠基人之一，美国著名传播学学者罗杰斯在其成名作《创新与扩散》一书中提出的“创新扩散理论”受到了学界的广泛赞誉。罗杰斯认为，扩散是创新通过一段时间，经由特定渠道，在某一社会团体的成员中传播的过程[57]。由此可以看出，创新的本质特征并不足以完全推动创新的有效扩散，这一阶段还受到以交流渠道为代表的多重因素影响。罗杰斯对创新扩散的影响因素进行了系统的分类，主要分为五类：创新特性、创新决策的类型、传播渠道、社会系统的性质以及变革领袖的推动作用。这些因素会根据作用的创新决策过程和个体不同影响扩散速率的大小，从而导致创新扩散结果的差异化。创新决策的个体可以产生于社会系统的各个层次，可能是个人，也可能是群体或组织。这些个体接受来自大众媒介以及口碑传播的消息，认知并接纳着技术创新，但由于个体之间偏好与认知结构的差异，不同技术之间创新扩散的程度（范围）就产生了明显区别。

按照程度（范围）的不同，可以将创新扩散分为两个层面：宏观层面和微观层面。宏观层面主要关注技术在产业层面的创新扩散，从整个经济系统和社会系统的角度考察技术创新扩散的程度，重点关注潜在采纳者与采纳者之间的交互，即随着时间的推移，社会系统中的大部分成员采纳创新技术的过程。创新扩散的宏观模型最早由巴斯（Bass）等人建立，该模型是从社会系统角度分析并预测创新的整体扩散模式、速度及程度，并定性地给出了创新扩散随时间变化的 S 曲线。微观层面则主要关注技术在企业层面的创新扩散，从企业的角度衡量技术创新在企业内部的扩散程度和应用水平。创新扩散的微观模型以消费者行为理论为基础，探讨企业在面对一项创新技术时，如何实现有效扩散，并考察企业个体行为模式对扩散结果和价值创造程度产生何种影响[58]。

本书所研究的扩散，主要针对宏观层面的技术创新扩散，即从整个经济系统和社会系统的角度出发，关注潜在采纳者向采纳者转换以及 RFID 技术在相关产业内渗透的过程。

2.2.2 TOE 框架

TOE（technology-organization-environment）框架是弗莱舍（Fleischer）在创新扩散理论的基础上于 1990 年提出的扩展框架，该框架认为组织对一种创新技术的采纳不仅受到技术本身的影响作用，还会受到组织及环境因素的约束，因此，TOE 框架认为应从技术、组织、环境三个维度对创新技术扩散进行分析[59]。TOE 框架中技术主要是指扩散技术本身的一些特性（如相对优势、兼容性、复杂性等），组织因素主要指的是组织的结构特性以及管理模式（如组织结构、规模、高层管理的态度等），环境因素主要指的是组织所处的外部环境因素（如政府政策、合作者、外部竞争激烈程度等）[60]。

TOE 框架在经典的创新扩散模型的基础上进行了批判思考和模型扩展，因此 TOE 框架具有较高的概括性、较强的系统性与可操作性。利用 TOE 框架能够系统考察组织的内外因素及技术本身特点，并根据实际情况对具体因素在三个维度上进行准确划分。因此，对于不同的创新技术和采纳主体而言，TOE 框架所划分的具体细分因素都不尽相同，细分因素对采纳的作用方向也各有区别。TOE 框架对于创新技术采纳扩散的影响因素研究提供了新的思路和视角，近年来被广泛应用于组织因素的采纳影响因素分析中，如云计算[61]、电子政务[62]、

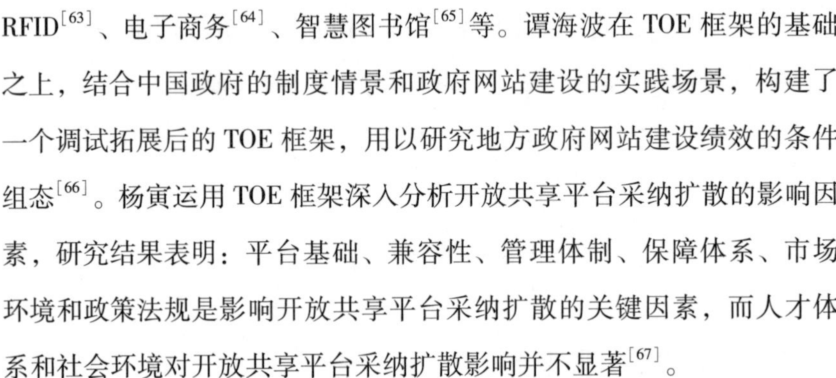

RFID[63]、电子商务[64]、智慧图书馆[65]等。谭海波在 TOE 框架的基础之上，结合中国政府的制度情景和政府网站建设的实践场景，构建了一个调试拓展后的 TOE 框架，用以研究地方政府网站建设绩效的条件组态[66]。杨寅运用 TOE 框架深入分析开放共享平台采纳扩散的影响因素，研究结果表明：平台基础、兼容性、管理体制、保障体系、市场环境和政策法规是影响开放共享平台采纳扩散的关键因素，而人才体系和社会环境对开放共享平台采纳扩散影响并不显著[67]。

2.2.3 反对者理论

新技术在某产业中扩散并被该产业中某些企业采纳的这一过程中，主要涉及三类主要行为主体：具有采纳意向的企业、支持并采纳该技术的企业和反对采纳该技术的企业。在本书中，我们将这三类主体分别称作等待采纳者、采纳者和反对者。采纳者会对新技术的采纳扩散起到正面的推动作用，另外，反对者也会对潜在采纳者产生强烈的负面影响，然而现有的采纳扩散模型及相关研究大多忽略了反对者的存在。

采纳者作为采纳扩散过程关键的参与者，一直是现有文献的研究焦点。然而，在大多数情况下，新技术的推行往往面临一些负面压力。事实上，技术反对者并不是一个新鲜事物，在许多 IT 扩散过程中，反对者（如隐私倡导者、企业监管者等）是一个不可忽视的参与主体，他们担忧新技术会对现有稳定的社会、经济及法律体系产生冲击，对新技术采纳存有严重的抵触情绪，并致力于阻止或减缓技术的采纳和扩散。罗杰斯曾经提出，许多技术创新过程不仅有创新的领袖，也有反对变革的领袖[49]。他将领袖定义为社会系统中的成员，他们有能力通过传播关于创新有利或不利的信息来影响其他成员的态度或行为。支持创新的成员赞成创新采纳，并致力于将创新推广到整个系统，而反对变革的成员则不赞成创新，并积极助长反对意见。

反对者的出现为技术采纳扩散研究提供了新的视角，已有部分学者对此进行了一定探索。劳卡宁（Laukkanen）通过对互联网银行非采纳者的分组对比，研究了创新采纳扩散的阻力，研究结果表明非采纳者中反对者对创新的抵抗强烈且多样化，在创新采纳扩散过程中，心理障碍是比使用价值更高的阻力决定因素[68]。恰武什奥卢（Cavusoglu）对反对者影响下技术扩散的模式进行研究，研究结果显示反对者的存在不仅会降低技术的最大采纳率，延迟采纳过程，还显著影响着扩散曲线的形状[69]。为了使企业 RFID 采纳扩散机理模型跟家科学合理，本书在对企业 RFID 采纳扩散实际情况分析的基础上加入了对反对者这一行为主体的分析。

2.3 系统动力学相关理论

2.3.1 系统动力学的基本概念

系统动力学（system dynamics，SD）作为系统科学的重要分支，最早由美国麻省理工学院的弗雷斯特（Forrester）教授于 1956 年提出[70]。这是一种系统科学理论与计算机仿真紧密结合的研究方法，由于有机融合了定量研究与定性分析的特性，该方法在处理复杂系统的非线性、长期变化及多重反馈等问题方面具有很大优势，因此系统动力学被应用于多种实际问题的研究。系统动力学在本质上是一阶微分方程式的一种运用，也是一系列带有实质性的函数累计结果[71]。在系统动力学模型构建的过程中，主要以因果关系图和系统流图的构建为理论基础，来分析系统的主要结构和系统内因素之间的因果关系。

在现有 RFID 采纳扩散研究中，主要以静态的研究居多，这些研究中所用模型往往假设技术因素、组织因素以及外部环境因素作用大小和作用方向不变，以此分析各个因素对采纳行为的影响程度，但这与客观实际存在较大差距。在现实生活中，RFID 采纳扩散系统内部因素是动态变化的，系统内部各种因素对系统的作用大小是动态变化的，因素之间的联系大小、作用方向也不断地发生着变化。为了真实再现企业 RFID 采纳扩散的过程，需要在模型构建的过程中将因素动态变化的属性考虑进去，而系统演化历练过程的实证数据和案例资料往往难以获得，系统动力学的动态复杂反馈机制与计算机仿真方法有效地解决了上述问题。运用系统动力学来研究 RFID 采纳扩散系统，一方面可以通过建立系统结构模型，保障模型的仿真度并充分把握系统的整体复杂性特征，由此来分析系统的行为模式及影响因素之间的关联关系。另一方面可以在充分考虑系统内部反馈机制的基础之上，采用计算机仿真的方法，来分析系统内各要素的动态变化对系统最终行为的影响，使分析结果更符合客观实际。

2.3.2 流率基本入树

定义 1：若 $t \in T$，一个动态有向图 $T(t)=(V(t), X(t))$ 中，存在一个点 $v(t) \in V(t)$，使 $T(t)$ 中的任何一点 $u(t) \in V(t)$ 有且只有一条由 $u(t)$ 至 $v(t)$ 的有向道路，则此有向图 $T(t)$ 称为一颗入树，且 $v(t)$ 称为树根，满足入度 $d^{-}u(t)=0$ 的 $u(t)$ 称为树尾，从树尾

到树根的一条有向道路称为一根树枝[72]。

定义2：在系统动力学中，以流位为树尾，以流率为树根的入树 $T(t)$ 称为流率入树。其中，流率入树 $T(t)$ 中含有流位的个数称作入树的阶数。从树尾沿一枝至树根，这一枝上含有流位的个数称作这枝的枝阶长度。

定义3：各枝阶长度为1的流率入树称为流率基本入树。

2.3.3 流率基本入树建模的基本步骤

系统动态变化的核心就是流率变化，为了建立规范且操作性强的模型，以分解整体建模仿真方程的复杂性，需要运用流率基本入树建模法对所研究的问题系统进行系统建模。流率基本入树建模的基本步骤如下：

步骤1：构建流位流率系。通过科学理论、经验并结合实际情况对系统进行分析，在此基础上确定描述系统状态的流位流率系：$\{(L1(t), R1(t)), (L2(t), R2(t)), \cdots, (Ln(t), Rn(t))\}$。其中，流位变量以 $Li(t)$ 表示，流率变量以 $Ri(t)$ 表示，$i=1, 2, 3, \cdots, n$。

步骤2：建立流率基本入树。以流率为根，以流位、流率，或不进行反馈的环境变量为树尾，枝中间不含流位变量，且每个树尾流率可通过树模型中的变量代换，实现通过辅助变量依赖于流位变量，此种入树 $Ti(t)$，称为流率基本入树，$i=1, 2, 3, \cdots, n$。其中，$Aij(t)$ 是受流位变量影响的辅助变量，$Bij(t)$ 是受流率变量影响的辅助变量，$i=1, 2, 3, \cdots, n$，$j=1, 2, 3, \cdots, m$。Ci 为常量，$i=1, 2, 3, \cdots, n$。

步骤3：建立流率基本入树模型。分析企业 RFID 采纳扩散系统的发展目标，在流率基本入树的基础上，对这些流率基本入树 $T1(t)$，$T2(t)$，…，$Tn(t)$ 进行嵌运算，从而得到 n 阶流率基本入树模型，如图 2－1 所示。

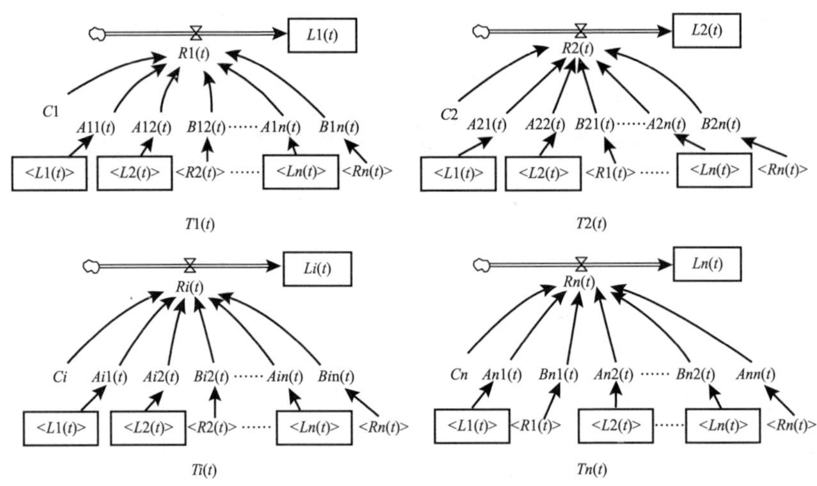

图 2－1　流率基本入树模型示意

2.4　本章小结

本章是本书的理论基础，主要对书中所涉及的相关理论做出了相应介绍。为了便于后续 RFID 采纳扩散系统的研究，首先介绍了 RFID 技术的概念及优势，并分析列举了 RFID 采纳扩散相关理论，主要包括创新扩散理论、TOE 框架以及反对者理论。最后介绍了系统动力学的基本概念、流率基本入树的概念及建模的基本步骤，为后续基于系统动力学的采纳扩散机理建模奠定了理论基础。

第 3 章 企业RFID采纳扩散影响因素

识别企业 RFID 采纳扩散影响因素是系统分析的基础，更是系统动力学建模及仿真的前提。只有在对企业 RFID 采纳扩散影响因素相关文献进行深入研究的基础上，结合实际采纳扩散过程，才能准确且全面地识别 RFID 采纳扩散的影响因素，使构建的模型更符合实际情况。这为后续定量模型的构建与仿真分析奠定了基础，也对采纳扩散推进策略的提出提供了科学化指导。

3.1 RFID 采纳扩散过程

RFID 采纳扩散是在 RFID 技术特性、外部竞争压力以及企业创新需求等综合作用下，所产生的 RFID 技术由企业化到产业化的应用过程，主要包括两个阶段：一是 RFID 技术企业化阶段，主要包括企业 RFID 采纳阶段、内化阶段及后续采纳阶段。企业在决定采纳 RFID 技术，且科学确定采纳水平后，将会进行 RFID 应用实施。在应用过程中，RFID 技术会与企业现有组织和技术不断融合（内化吸收），若最终 RFID 应用价值得到了体现，则该企业可能会进行后续进一步采纳。二是 RFID 技术产业化阶段，即 RFID 技术在产业层面的扩散阶段。这一阶段遵循技术创新扩散规律，当技术被企业采纳后，以企业为技术创新扩散源，经由扩散通道向产业内其他企业进行扩散，以实现 RFID 技术在产业内的广泛应用。

为了避免模型过于复杂化，盲目扩大模型边界，本书基于宏观角度对 RFID 采纳扩散过程进行研究，对企业内 RFID 内化过程及后续采纳过程不进行过多探讨，仅分析 RFID 技术在企业内一次采纳及产业内扩散过程。在基于宏观视角的 RFID 采纳扩散过程中，涉及潜在采纳者、等待采纳者、采纳者及反对者四类直接参与主体。RFID 采纳扩散过程如图 3－1 所示。

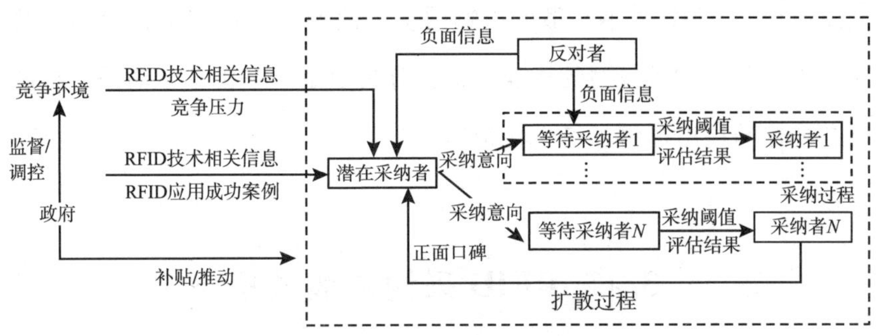

图 3－1　RFID 采纳扩散过程

根据第 1 章中对于 RFID 采纳扩散模型的比较，可知采纳扩散过程有多种阶段划分方法，不同阶段的目标、路径及机制都有很大差别，因此，在进一步研究之前，需明确企业 RFID 采纳扩散过程的主要阶段。为了有效区分 RFID 采纳过程及扩散过程，本书将等待采纳

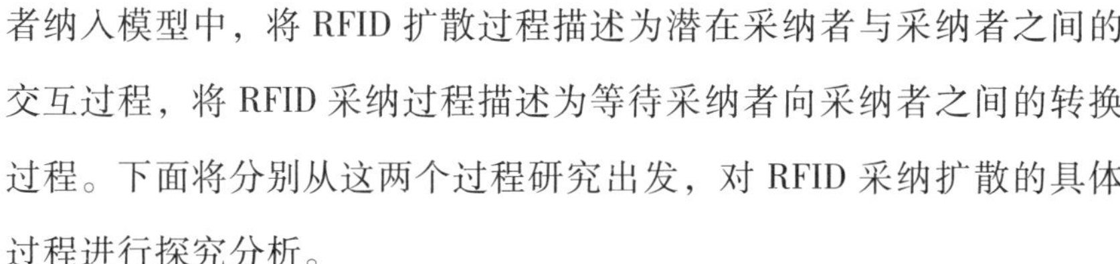

者纳入模型中，将 RFID 扩散过程描述为潜在采纳者与采纳者之间的交互过程，将 RFID 采纳过程描述为等待采纳者向采纳者之间的转换过程。下面将分别从这两个过程研究出发，对 RFID 采纳扩散的具体过程进行探究分析。

3.1.1　RFID 采纳扩散参与主体

（1）潜在采纳者。

潜在采纳者是指系统内对 RFID 技术存在需求，有采纳可能性但暂未获取 RFID 技术信息的企业。潜在采纳者是 RFID 技术扩散的直接主体，这类企业经过 RFID 技术信息的获取过程之后，可转变为等待采纳者。

（2）等待采纳者。

等待采纳者是指已获取 RFID 技术信息并产生采纳意愿的潜在采纳者，当潜在采纳者对 RFID 技术的初始需求产生后，就会搜寻 RFID 技术相关的大量信息。作为技术信息的接收者和采纳行为的基数，等待采纳者的数量决定了采纳者数量的增长情况。

（3）采纳者。

采纳者是指已采纳 RFID 技术的企业，作为技术采纳的先行者，他们通过口碑渠道传播关于技术有利的信息，以此影响其他潜在采纳者的态度或行为，继而推动 RFID 技术在整个产业层面的采纳扩散。

（4）反对者。

反对者是指反对且一定时期内内不会采纳 RFID 技术的企业，这类企业对 RFID 技术存有严重的抵触情绪。在 RFID 采纳扩散的过程中，反对者通过口碑渠道传播大量关于技术不利的消息，继而对潜在采纳者造成强烈的负面影响，以达到阻止 RFID 采纳的目的。

3.1.2 RFID 采纳扩散动因

（1）竞争环境是 RFID 采纳扩散的环境动因。

RFID 采纳扩散外部环境包括政府、行业机构、标准组织、技术供应商、竞争企业等，涉及政府及行业协会的政策压力、供应链伙伴的权利压力和市场的竞争压力三类压力，竞争压力是企业采纳 RFID 技术的重要直接动因。

物联网时代的到来给企业的运作效率及服务质量提出了新的要求，企业应用技术的升级迭代成为经济发展的必然趋势。为了从技术创新中获得竞争优势，部分企业开始尝试采纳 RFID 技术，经历试运行、采纳及内化等一系列过程后，企业生产效率及管理质量获得了大幅度的提升，实现了一定程度的价值创造，率先取得了市场竞争中的优势地位。此时，市场内其他企业感知到竞争者采纳行为的成功，由于竞争者目标与计划未知和环境较强的不确定性影响，行业内其他企业只能观察竞争者行为并将成功归因于竞争者的战略选择，进而通过采取相同的措施来复制竞争者的成功。企业 RFID 采纳扩散就是市场竞争与技术变革的产物，这种技术可提升企业运作效率、克服企业技术管理方面的障碍并优化企业管理水平。因此，竞争压力可以有效推动 RFID 采纳扩散，吸引更多企业加入 RFID 采纳扩散队伍中来，促进 RFID 在大范围内的应用推广和价值创造。

（2）政府推动是 RFID 采纳扩散的政策动因。

RFID 是一项共性技术。2013 年，我国工业和信息化部颁发了《产业关键共性技术发展指南》，报告中明确指出了 261 项关键的共性技术，其中就包括物联网感知技术下的 RFID 技术。一般来说，由于共性技术固有的政策性和公共性，政府在这类技术采纳扩散过程中起着不可替代的重要作用。在 RFID 采纳扩散过程中，政府强力的支持意向及推动力度，可以使技术在社会范围内迅速扩散开来，并进一步推动其应用创新与价值创造。近年来，政府对于 RFID 技术的采纳、创新和扩散给予了极大的关注，物联网发展规划及国家科技计划都明确支持了 RFID 技术的相关研究，从 2006 年起陆陆续续颁布了《中国射频识别（RFID）技术政策白皮书》《2012 年物联网技术研发及产业化专项的通知》《国家中长期科学和技术发展规划纲要(2006—2020)》《国务院关于印发新一代人工智能发展规划的通知》等一系列政策文件，以此推动 RFID 技术及相关行业的发展。另外，政府还通过“十一五”、“十二五”、“十三五”、国家 863 计划等一系列国家科技计划，在电子发展基金、国家信息化试点和地方科技项目的推动和支持下，我国 RFID 采纳扩散、技术研发及相关行业发展都受到了强有力的推动作用。

3.1.3 采纳过程

采纳过程主要涉及三类行为主体，分别是等待采纳者、采纳者以及反对者。采纳主体获知足够的 RFID 技术信息后，若 RFID 技术满足企业的需求与期望，企业就会产生相应的采纳意向。但采纳 RFID 技术是需要考虑多种因素的，采纳意向并不足以支持企业做出采纳决策，因此，等待采纳者需要综合考虑基础设施、信息化经验、高层领导支持、采纳成本、采纳能力等诸多因素。一般情况下，企业决策较为理性，即便具有强烈的采纳意向，但若不具备采纳能力，且采纳成本过高，则不会贸然采纳 RFID 技术。当企业满足 RFID 技术采纳所需的能力要求，且采纳 RFID 技术所产生的效用大于采纳成本时，等待采纳者才可能采纳 RFID 技术。

将企业 RFID 技术采纳所需考虑的诸多因素进行归纳，可按照 TOE 框架将其分为三类：一是 RFID 技术水平（包括技术成熟度、成本及技术兼容性等）；二是组织准备充分性；三是环境影响力。等待采纳者采纳决策过程如图 3－2 所示。

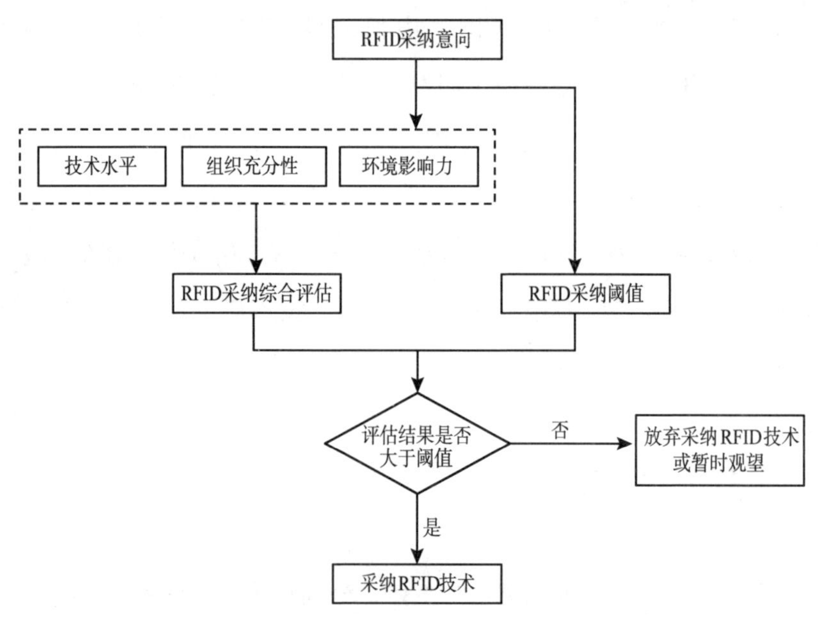

图 3－2　等待采纳者决策过程

在采纳 RFID 技术的过程中，等待采纳者心目中都有一个愿意付出的最高采纳成本，我们称之为采纳阈值。经历综合评估后，等待采纳者对应用 RFID 技术后企业所能产生的效用有了一定的认知，当评估产生效用大于采纳阈值，等待采纳者才会愿意采纳 RFID 技术。但

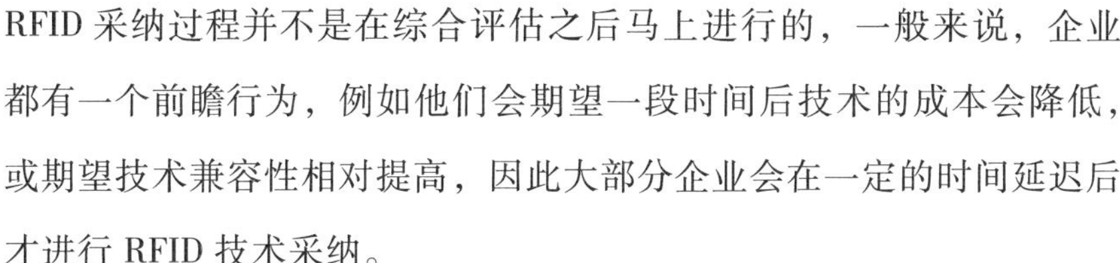

RFID 采纳过程并不是在综合评估之后马上进行的，一般来说，企业都有一个前瞻行为，例如他们会期望一段时间后技术的成本会降低，或期望技术兼容性相对提高，因此大部分企业会在一定的时间延迟后才进行 RFID 技术采纳。

3.1.4　扩散过程

扩散过程主要涉及四类行为主体，分别是潜在采纳者、等待采纳者、采纳者以及反对者。潜在采纳者是未接收到 RFID 技术相关信息，且没有产生 RFID 技术采纳意向的企业。这类企业出于创新或变革需要等原因产生对 RFID 技术的需求，这种需求一旦产生，潜在采纳者就会主动关注并搜寻 RFID 技术相关信息。当潜在采纳者接收到大量的 RFID 技术相关信息，并产生 RFID 技术采纳意向的时候，潜在采纳者就完成了向等待采纳者的角色转换。而后，大量的等待采纳者完成采纳并转变为采纳者，这就完成了 RFID 技术在产业内的扩散过程。RFID 技术在产业上的扩散过程也就是潜在采纳者转变为采纳者的过程，该过程主要关注的是潜在采纳者与采纳者之间信息的交互及角色身份的转换。

而在这一过程中，大众传媒和口碑作为 RFID 技术信息传播的主要渠道起着关键作用。罗杰斯认为，在创新扩散的过程中，大众传媒能通过信息媒介直接输出 RFID 技术信息和知识，但口碑则在说服采纳主体接受和使用创新方面更为直接有效，因此，最好是将大众传媒和口碑传播结合起来进行扩散[57]。大众传媒主要通过广告、互联网等媒介，以类似脉冲的传播方式定期、规律地将 RFID 技术信息进行大面积的传播。而口碑则通过已采纳者与潜在采纳者的日常接触，以交流的形式向潜在采纳者进行信息传播。通过这两种渠道，潜在采纳者就能获取到所需的 RFID 技术及应用信息，但这信息却并不全是正面的。潜在采纳者技术信息获取过程如图 3－3 所示。

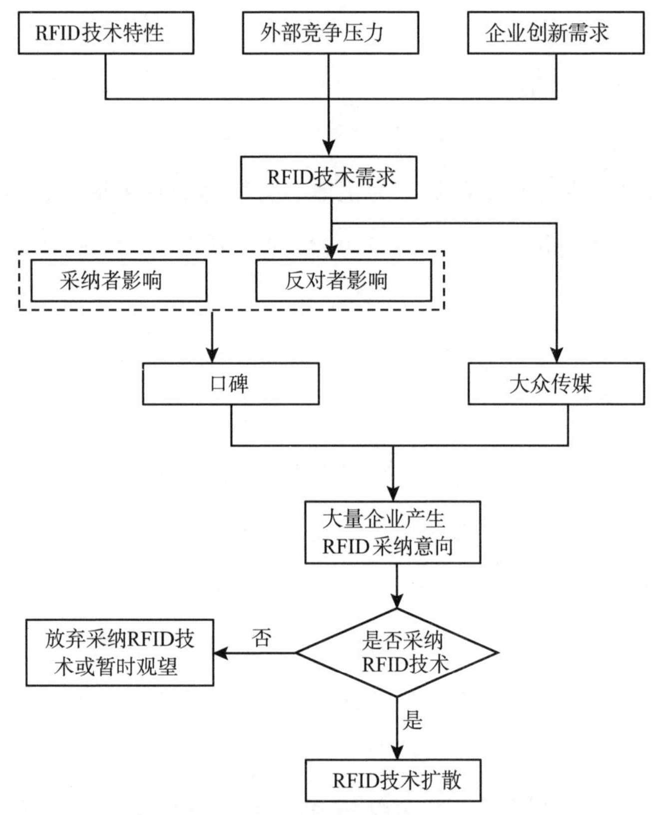

图 3－3　潜在采纳者技术信息获取过程

由图 3－3 可以看出，潜在采纳者在获取技术信息时，不仅会受到采纳者的正向口碑影响获取到正面技术信息，还会接受反对者的负面口碑。因此，若反对者的负面信息多于采纳者以及大众媒体所传播的正面信息，则潜在采纳者也可能不会产生采纳意向变为等待采纳者，反而变为新的反对者。

3.2　两大子系统内部因素识别

将企业 RFID 采纳扩散的两个阶段视为系统的两个子系统，采纳子系统和扩散子系统内部存在着多个影响因素，这些因素的不同叠加作用会导致采纳扩散结果的差异化，如采纳价值差异化、内化深度差异化等。要想有效地提升企业 RFID 技术采纳及扩散的科学化、合理化，就要准确提取到 RFID 技术采纳及扩散的各项影响因素，透彻分析因素之间的关联，在系统的因素里分析得出采纳扩散的相关影响机制。

3.2.1　采纳子系统内部因素识别

（1）从采纳过程角度识别 RFID 技术采纳子系统内部因素。

采纳子系统是企业 RFID 采纳扩散系统的重要组成部分。对于企业 RFID 技术采纳行为而言，采纳意愿、采纳速率与采纳概率是影响技术采纳决策的关键点。而对于 RFID 技术的采纳过程来说，RFID 技术采纳过程会受到三个采纳主体的影响，分别为等待采纳者、采纳者以及反对者。这三个主体影响企业技术采纳的意图，同时也影响技术采纳内化全过程和技术在企业中最终的价值创造。这些影响因素共同构成了一个影响 RFID 技术采纳的耦合关系，采纳过程视角下 RFID 技术采纳影响因素的相互关系如图 3－4 所示。

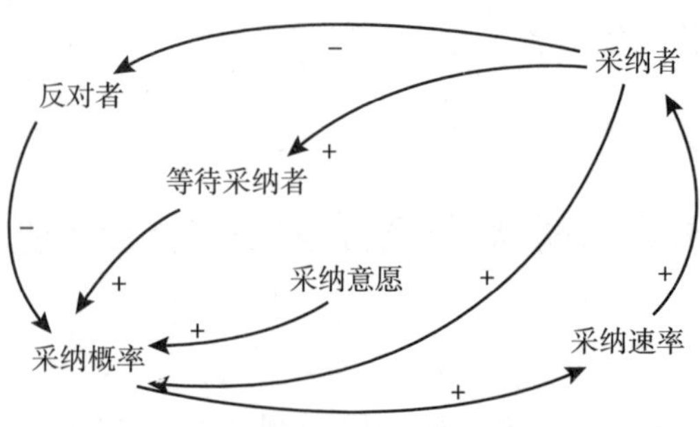

图 3－4　采纳过程视角下 RFID 采纳因果关系

①采纳意愿。当 RFID 技术基本满足预期或超过预期时，企业就会产生想要采纳 RFID 技术的意向，也就是 RFID 技术的采纳意愿。采纳意愿反映了企业对 RFID 技术的需求程度，将直接影响企业是否进行采纳行为，并进一步影响产业内 RFID 技术采纳率。

②采纳速率。当企业采纳 RFID 技术后，等待采纳者就会转换为采纳者，而单位时间内两者的转换数量就是采纳速率。作为采纳者的单位增长量，采纳速率反映了采纳市场的变化趋势，将直接影响产业内采纳者总量及 RFID 技术的采纳率。

③采纳概率。当潜在采纳者对于 RFID 技术的效用评估值大于其采纳阈值时，潜在采纳者会以一定的采纳概率采纳 RFID 技术，采纳概率反映了等待采纳者与采纳者之间的比例关系。其中，潜在采纳者的采纳概率又与其采纳意愿呈正相关，即潜在采纳者的采纳意愿越高，其采纳 RFID 技术的概率越大。

该系统的因果图存在以下反馈环：

采纳者↑→采纳概率↑→采纳速率↑→采纳者↑

采纳者↑→等待采纳者↑→采纳速率↑→采纳者↑

采纳者↑→反对者↓→采纳概率↑→采纳速率↑→采纳者↑

（2）从TOE框架角度识别RFID技术采纳子系统内部因素。

在TOE框架理论研究的基础之上，本书仔细研究了RFID技术采纳影响因素系统的构成、影响因素之间的内在联系及相互作用机理，将企业RFID技术采纳影响因素划分为三类，分别为技术因素、组织因素及环境因素。在企业进行采纳决策时，三类影响因素共同推动RFID技术采纳，RFID技术采纳影响因素系统中变量的相互关系如图3-5所示。

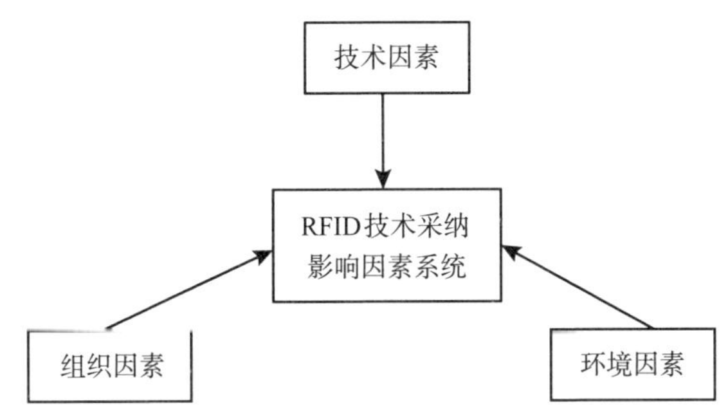

图3-5　TOE框架视角下RFID采纳三大影响因素关系

通过对RFID采纳三大影响因素关系图的观察，发现技术、组织和环境三个因素对RFID技术采纳影响因素系统会产生重要影响，但系统的运行又难以对其起到决定性影响作用，继而反作用于系统。在此基础上，本书将这三个因素视为RFID技术采纳影响因素系统的外生变量。作为RFID技术采纳影响系统的外在变量，TOE因素内部又可划分为多个细分因素，这些细分因素都会通过与采纳子系统之间的反馈对RFID技术采纳过程造成影响，同时也为真实细致地描述整体系统做出了相应贡献。为了对RFID技术采纳影响因素系统拥有全面细致的认知，下面将对技术、组织以及环境因素内部的子因素进行识别。

TOE 将企业 RFID 技术采纳影响因素分为三类，分别是技术因素、组织因素和环境因素。技术因素一直是信息技术采纳中重要的考量指标，企业 RFID 技术采纳也不例外。技术因素用更为通俗的话来说，就是技术自身特性，主要包括技术成熟度、成本、兼容性以及复杂度。组织因素和环境因素作为主要的影响因素，也在企业 RFID 技术采纳过程中起着重要的作用。通过第 1 章节对 RFID 技术采纳影响因素的梳理可知，组织因素主要包括组织的信息能力、高层领导支持度等，而环境因素主要包括外部环境的竞争强度、政府的支持度等，这些因素在解释 RFID 技术采纳行为方面得到了广泛的应用，如图 3 - 6 所示。

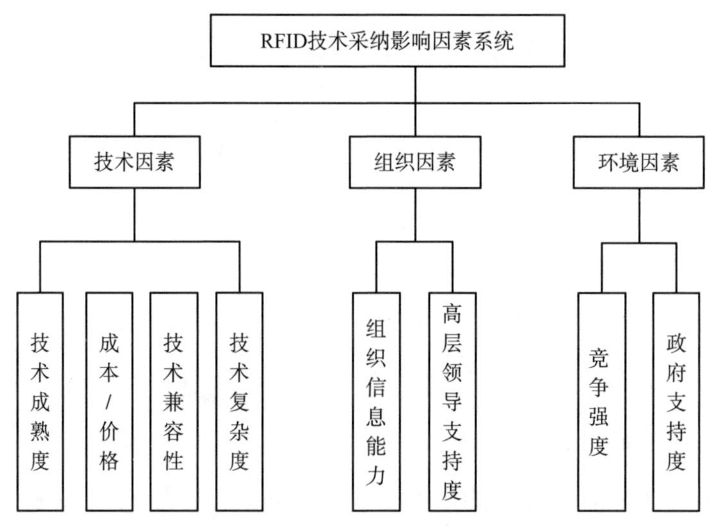

图 3 - 6　三大影响因素细分

①技术成熟度。技术成熟度是指潜在采纳者对于技术目前发展程度的评估，这与潜在采纳者对于技术的信赖程度呈正相关。张培对德

邦物流股份有限公司 IT 部高级经理访谈结果表示，该经理认为技术成熟度可具化为多个考量因素，其中数据读取的准确性和标准是影响 RFID 采纳的重要因素，数据准确度关系到企业的整体运营质量，标准不统一则会影响整个供应链系统中数据的对接[73]。只有当技术成熟度相关具化指标有效提升时，企业才更愿意采纳 RFID 技术。

②技术兼容性。技术兼容性是指技术与组织的需求、价值观、实践经验以及现有技术基础的匹配程度，兼容性与最终技术的采纳意向呈正相关。技术兼容性越好，待采纳技术与组织现有需求越符合，也越容易与组织现有技术集成在一起，并实现相应的技术价值，组织也就更愿意采纳该技术。相反，技术兼容性越低，企业就越难将该技术与现有技术基础结合，组织采纳意向也不会太强。

③技术复杂度。技术复杂性是指潜在采纳者对于技术理解和实施的难度预估，有时也会被反义表述为技术明确性。RFID 技术作为一个新兴技术，直至 2004 年由于美国政府和大企业的强制使用才进入了技术采纳发展的元年，其理解、开发、应用以及维护等都存在着一定的困难。因此，对于企业 RFID 技术采纳过程而言，技术复杂度在大多数情况下都是一个负面因素。

④成本。本书的成本是指采纳成本，主要涉及企业采纳的一次性成本（对应于商品价格）。对于大部分采纳者以及潜在采纳者而言，都认为 RFID 技术有助于提高数据的准确性、信息的可见性和服务质量等，但他们认知上最大的差异在于成本。也就是说，RFID 技术有用性毋庸置疑，但是否采纳这一技术，很大程度上会受成本这一因素的影响，特别是零售、服装等快销行业，在做 RFID 采纳决策时，对成本这一影响因素尤为敏感。这一因素不仅影响着企业采纳 RFID 技术的决策，还影响着 RFID 技术在全国范围内的扩散与推广。

⑤组织信息能力。组织信息能力是指组织目前已有的信息技术等级，是组织集成 RFID 技术的硬件基础设施，主要包括为 RFID 技术提供平台的信息系统、网络基础设施以及相关的信息技术人才。组织信息能力越高代表着企业信息技术相关知识和经验的累积程度越高，硬件基础设施等级越高，组织越容易采纳 RFID 技术。

⑥高层领导支持度。高层领导支持度是指采纳企业高层领导做出 RFID 技术采纳决策的可能性大小。企业高层领导可以识别 RFID 技术潜能并制定未来发展规划，做出采纳或不采纳的决策。RFID 技术作为一项待采纳技术，其采纳决策会包含多重因素的考量，不仅包括技术成本、技术成熟度、技术复杂度等技术因素的评估，还需考量政府意愿、政策支持以及外部竞争环境等多个方面，因此可以说高层领导支持度反映了企业对 RFID 技术采纳的内外条件综合评估结果。

⑦竞争强度。竞争强度决定了企业在竞争环境中对 RFID 技术的需求程度，是企业采纳 RFID 技术的重要前因。外部竞争强度越大，企业就越急切的需要采纳 RFID 技术提高运作效率和服务质量，以此获得市场中的竞争优势。例如，深圳白沙物流有限公司自 2005 年开始采纳 RFID 技术，就是为了提升企业竞争力以及用户对信息系统的应用评价[73]。因此，竞争压力也是企业 RFID 技术采纳的动力。

⑧政府支持度。政府支持度反映了政府机构对于企业 RFID 技术采纳的支持程度，是政府对 RFID 技术价值评估的体现。政府可以通过制定政策法规、研发投入、减免税费、试点项目、信息提供及应用案例扩散等方式鼓励企业采纳 RFID 技术，为技术采纳营造一个公平竞争的外部环境。政府支持度越高代表政府对 RFID 技术前景越看好，技术越容易被企业所采纳。

（3）RFID 采纳子系统因果关系图。

本节对企业 RFID 技术采纳子系统进行了影响因素的梳理，但主要是从采纳过程角度和 TOE 框架角度分别对采纳子系统进行描述，无法完全反映企业 RFID 技术采纳子系统中各影响因素之间的相互联系。因此，为了企业 RFID 技术采纳子系统的完整性，需将两个角度结合起来，对子系统重新整合，最终得到 RFID 采纳子系统因果关系如图 3 -7 所示。

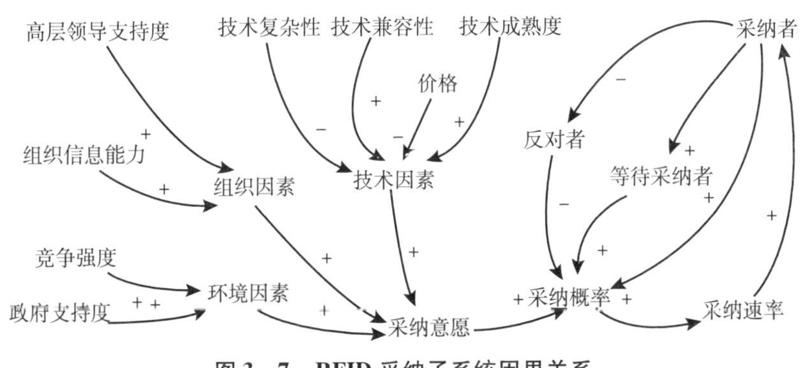

图 3 -7　RFID 采纳子系统因果关系

3.2.2　扩散子系统内部因素识别

(1) RFID 技术扩散的两大途径。

技术扩散也可以理解为是技术交流、传播、转让的总称，它是以有偿或无偿、公开或私密的方式，将个人或组织独占的技术扩散到别的个人或组织的一种现象。由此，从组织角度出发，我们可以将 RFID 技术扩散定义为在产业内，RFID 技术由扩散源通过不同的扩散途径向扩散对象进行扩散的过程。并且在技术扩散的过程中，随着潜在采纳者向采纳者的不断转化，等待采纳者比例逐渐上升，扩散率也逐步提高，该过程因果关系如图 3 -8 所示。

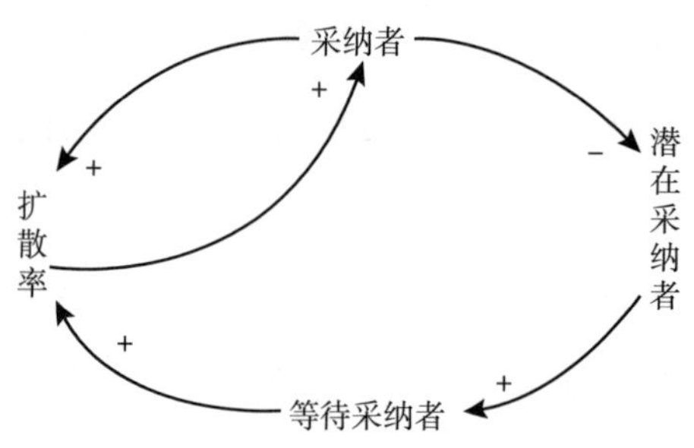

图 3-8　技术信息扩散因果关系

通过技术信息扩散因果图可以看出，技术在宏观层面的扩散过程主要表现为扩散率的变化，重点关注潜在采纳者、等待采纳者与采纳者之间的交互。交互是参与主体之间信息传递的“桥梁”，也可称为扩散源与扩散对象之间的扩散途径，影响因素往往会在这一阶段对扩散过程造成影响。

通过对已有文献的研究，本书将 RFID 技术的扩散途径分为两个：企业间的口碑传播（口口相传）、大众传媒的定期脉冲。这两个途径从产业内部和外部环境两个角度分析了 RFID 技术信息扩散相应的影响因素，这些影响因素共同作用会产生不同的结果，这些结果导致了 RFID 技术信息扩散效果的差异化。

（2）扩散子系统内部因素识别。

基于 RFID 技术扩散影响因素的研究，我们根据传播途径将上述扩散系统影响因素划分为两个方面：口碑传播影响因素（企业间口口相传）、大众传媒影响因素（大众传媒定期脉冲）。其中，大众传媒影响因素仅对 RFID 技术扩散子系统产生影响，而系统运行难以对其造成决定性影响，根据影响因素对扩散子系统的交互关系，可将大众传媒影响因素定义为系统的外生变量，在后续部分主要对口碑传播影响因素的细分因素进行识别和研究。

当一个企业采纳 RFID 技术并完全实现甚至超过预期效果时，该企业便会愿意向关联企业推荐 RFID 技术，甚至展示实施效果，这种现象可通俗概括为口口相传。在企业所联结成的关系网络中，每个企业视为一个关系节点，各节点之间会建立连接并产生交互作用，采纳行为会在节点之间进行扩散，这种节点之间的相互影响的过程可以称为同伴影响（peer influence）。近年来，网络的迅速发展使组织的决策与口碑传播的影响更加密不可分，进一步探究技术扩散与口碑传播的联系对企业意义重大。

在这一子系统中，采纳者对于潜在采纳者的影响重大，细分影响因素主要包括采纳者数量、采纳者的影响力等，通过口碑传播达到影响扩散速率的目的，具体 RFID 技术扩散子系统因果关系如图 3－9 所示。

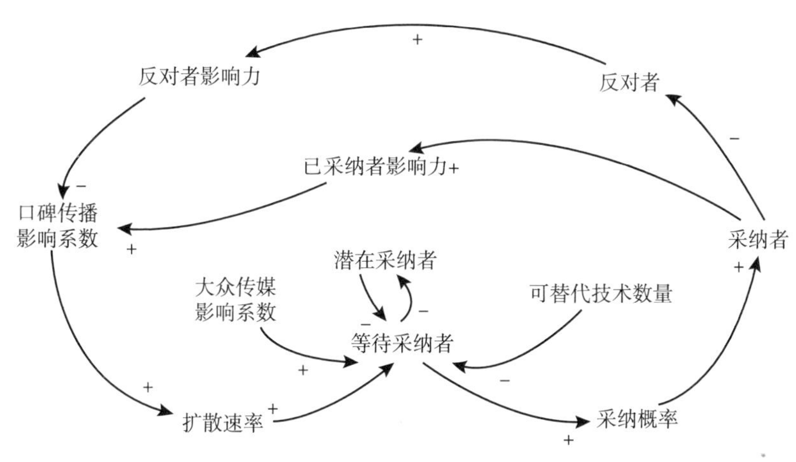

图 3－9　RFID 技术扩散子系统因果关系

①口碑传播影响系数。RFID 技术采纳扩散过程中，采纳者与潜在采纳者之间存在技术信息的交流与传递，为了描述这种交流的有效

性，使用口碑传播影响系数反映已获取技术信息的企业与未获取技术信息的企业之间交流的概率。该影响因素常用于技术扩散系统动力学模型构建，如张磊在对低碳能源技术在农村地区扩散的研究中表示，技术扩散以群体间信息交流作为主要动力来驱使技术随着时间的推移在社会群体中扩展开来，其中口碑传播是最主要的方式[74]。口碑传播影响系数反映了口碑对技术信息扩散的推动力度，直接影响着扩散的效果。

②大众传媒影响系数。大众传媒作为除口碑传播以外的主要信息传播途径，也在 RFID 技术信息传播方面做出了巨大贡献。大众传媒每隔一段时间就会进行以此大范围的 RFID 技术信息传播，这一传播方式类似于“脉冲”，且每次传播的边际效益呈递减规律[75]。为了从动态角度描述这一规律，使用大众传媒影响系数描述大众传媒对 RFID 技术信息的传播效果。

③扩散速率。扩散速率是描述 RFID 技术信息通过大众传媒以及口碑传播两个传播渠道的传播速率，它与潜在采纳者数量、大众传媒影响系数、口碑传播网络系数和可替代技术数量有关。当潜在采纳者基数越大，大众传媒影响力越强，系统内部有效应交流越多的时候，RFID 技术信息传播得越快。

该系统的因果图存在以下反馈环：

等待采纳者↑→潜在采纳者↓→等待采纳者↑

等待采纳者↑→采纳概率↑→采纳者↑→已采纳者影响力↑→口碑传播网络影响系数↑→扩散速率↑→等待采纳者↑

等待采纳者↑→采纳概率↑→采纳者↑→反对者↓→反对者影响力↓→口碑传播影响系数↑→扩散速率↑→等待采纳者↑

3.3　RFID 采纳扩散系统因果关系

前面两节对企业 RFID 采纳扩散系统进行了因果关系的分析，但主要是从两个子系统的角度描述了单个系统内部因素之间的相互联系和作用路径，仅能对系统做出简单评价，难以体现系统的复杂性以及子系统之间的反馈关系。因此，为了对企业 RFID 采纳扩散系统进行整体分析，本书在分析采纳子系统与扩散子系统之间反馈关系的基础上，将子系统进行整合，最终得到企业 RFID 采纳扩散系统关系，如图 3－10 所示。

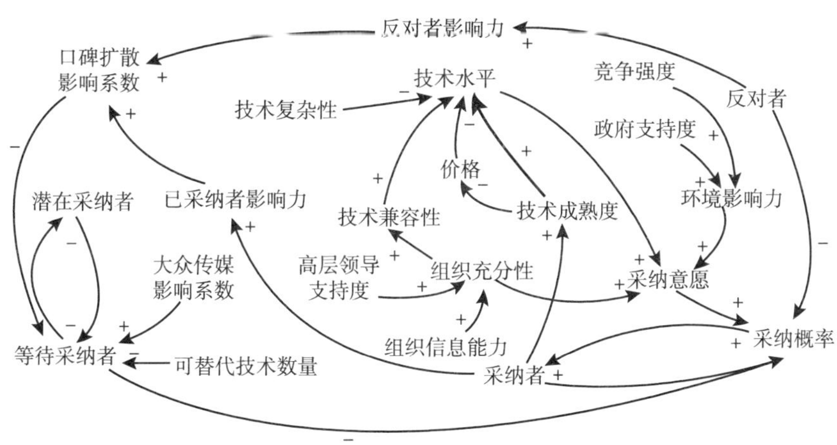

图 3－10　RFID 采纳扩散系统因果关系

系统因果关系图在系统建模初期对于了解系统结构十分有效，通过企业 RFID 采纳扩散系统因果关系图，可以直接观察到整个采纳扩散过程中的各个影响因素，以及这些影响因素作用的基本路径和正负作用关系，这些对于系统的认知有助于后期对于系统复杂性的理解和分析。

3.4 本章小结

根据前面章节对企业 RFID 采纳扩散相关文献研究及系统动力学方法的介绍，本章从系统动力学的角度对企业 RFID 采纳扩散过程和影响因素进行了研究，将企业 RFID 采纳扩散的影响因素从系统的角度进行了分类和研究，并对各影响因素之间的因果关系进行了描述说明，构建了企业 RFID 采纳扩散影响因素体系，在此基础上绘制了企业 RFID 采纳扩散系统因果关系图。

第 4 章

企业RFID采纳扩散机理模型

系统动力学模型简称 SD 模型，它是对现实系统的还原和仿真，通过数学方程和仿真模拟将客观实际高度概括并清晰地展示出来。在对企业 RFID 采纳扩散系统因果关系图分析的基础之上，结合各个变量的关键程度，确定变量的所属类型，构建基于系统动力学的企业 RFID 采纳扩散机理模型。该模型不仅能够区别反映不同类型变量的作用关系，还能表达变量的累积作用效果，同时也为后续模型仿真奠定了基础。

4.1 系统动力学建模原理及步骤

4.1.1 模型的基本假设

本书扩散模型的构建是以 Bass 模型为基础，其假设条件自然包括 Bass 模型的基础假设：①市场潜力随时间推移保持不变；②采纳者是无差异或同质的；③一种创新的扩散不受市场营销战略的影响；④产品性能随时间推移保持不变；⑤社会系统的地域不随扩散过程而改变；⑥扩散过程分为采纳和不采纳两个阶段；⑦没有供给约束；⑧采纳者之间的相互交流对于创新扩散所起到的作用恒定；⑨一种创新的扩散独立于其他创新的扩散。

在此基础之上，结合 Bass 模型中对内部影响及外部影响的描述，对本书所提出的 RFID 技术采纳扩散模型进行如下假设：

①RFID 技术扩散的宏观层次假设与 Bass 假设一致。

②在 Bass 模型的基础之上，将内部影响具象为已采纳者之间的信息交流，将外部影响具象为大众传媒的广泛作用，本书假设 RFID 技术仅通过这两个渠道对潜在采纳者产生作用，使之转变为等待采纳者。

③RFID 技术的采纳是从行为意图的角度考虑企业是否采纳这一技术，当组织的采纳意图达到一定程度且企业需要的时候，就会采纳 RFID 技术。

④本书假设系统中企业 RFID 技术采纳均为一次采纳的情况，不对企业二次采纳及后续多次采纳进行分析研究。

4.1.2 建模的基本步骤

系统动力学模型是对客观实际的还原与仿真，模型构建的过程就是对整体系统进行模拟的过程，通过模型构建，我们可以将复杂系统的动态变化具象地展现出来。一般情况下，系统动力学建模的基本步骤主要包括以下几步：

步骤 1：分析建模原因，确定建模目的。根据分析的对象以及待

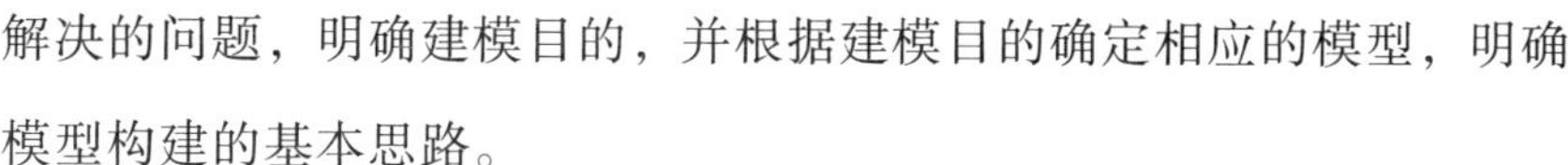

解决的问题，明确建模目的，并根据建模目的确定相应的模型，明确模型构建的基本思路。

步骤 2：确定系统边界。根据建模目的的分析，总结并提取所研究问题的影响因素，以此作为系统的一部分，另外还需结合相关文献及专家意见，从定性与定量相结合的角度完善系统范围的设定。

步骤 3：建立流位流率系并绘制流率基本入树模型及流图模型。根据流率基本入树建模法构建系统的流位流率系，明确流位变量、流率变量、辅助变量及常量，根据树之间变量的关系，对全部流率基本入树进行嵌运算，得到系统的流图模型。

步骤 4：设置系统动力学方程，并给对应变量及参数赋值。根据系统内部各个变量之间的联系，运用数学公式将其中逻辑关系展现出来，并运用数据收集、专家打分等方法对变量及参数进行赋值。

步骤 5：系统仿真。根据客观实际对模型参数进行调整，使模型的仿真结果更贴近于真实情况，在此基础上对系统仿真结果进行分析。

4.2　基于系统动力学的 RFID 采纳扩散机理模型构建

4.2.1　建立流位流率系

本书所在课题组前期对国内外部分企业 RFID 应用情况进行了案例分析和深入调研。研究结果表明，企业 RFID 技术采纳及扩散过程具有如下规律[18]：

第一，RFID 技术信息传播渠道主要分为大众传媒和口碑传播。大众媒体以一种规律的方式定期给潜在采纳者传播技术信息，而口碑传播则是以口碑的形式传播技术信息与主观评价，通过这两种渠道的信息传播，潜在采纳者会对 RFID 技术的性能、成本等基本信息拥有初步的了解，以此促使企业产生初始采纳意向。

第二，大量研究表明，RFID 采纳扩散过程会受到 TOE 三个因素的影响，建模过程中将这三个因素分别描述为 RFID 技术水平、组织充分性与环境影响力。技术水平影响因素包括技术成熟度、成本、技术兼容性和技术复杂度，组织充分性影响因素包括组织信息能力和高层领导支持度，环境影响力影响因素包括竞争强度和政府支持度。

第三，RFID 技术采纳扩散过程涉及四类行为主体，分别是潜在采纳者、等待采纳者、采纳者以及反对者，这四类主体之间关系如下：潜在采纳者接受大众传媒和口碑传播的信息脉冲，由此产生采纳意向并转变为等待采纳者的过程就是技术扩散过程。等待采纳者的本质就是已获取技术信息的潜在采纳者，当初始采纳意向产生后，等待采纳者就会从技术、组织和环境三个部分综合评估自身采纳 RFID 技术的可能性。当等待采纳者成功采纳 RFID 技术后，就完成了从等待采纳者到采纳者的角色转换，也就完成了采纳过程。在整个过程中，反对者一直是重要的参与者，它不仅抑制着 RFID 技术的采纳，也延缓和削弱着 RFID 技术的扩散。

基于上述对企业 RFID 采纳扩散过程规律的描述，选择采纳者、技术水平为刻画采纳过程的流位变量，选择等待采纳者、潜在采纳者为刻画扩散过程的流位变量，在此基础上结合反对者构建企业 RFID 采纳扩散系统的流位流率系，如表 4－1 所示（其中 $Li(t)$ 表示流位变量，$Ri(t)$ 表示流率变量，$i=1, 2, 3, 4$）。

表4-1 企业RFID采纳扩散系统流位流率系

流位变量（个）	流率变量
等待采纳者 $L1(t)$	扩散速率 $R1(t)$（百分比/年）
潜在采纳者 $L2(t)$	潜在采纳者变化量 $R2(t)$（个/年）
采纳者 $L3(t)$	采纳速率 $R3(t)$（百分比/年）
反对者 $L4(t)$	反对者变化量 $R4(t)$（个/年）

综上所述，得到系统的流位流率系如下：

$\{[L1(t), R1(t)], [L2(t), R2(t)], [L3(t), R3(t)], [L4(t), R4(t)]\}$

4.2.2 建立流率基本入树模型

根据流位变量对流率变量的控制关系分析，得到流位变量控制流率变量的二部分图，如图4-1所示。

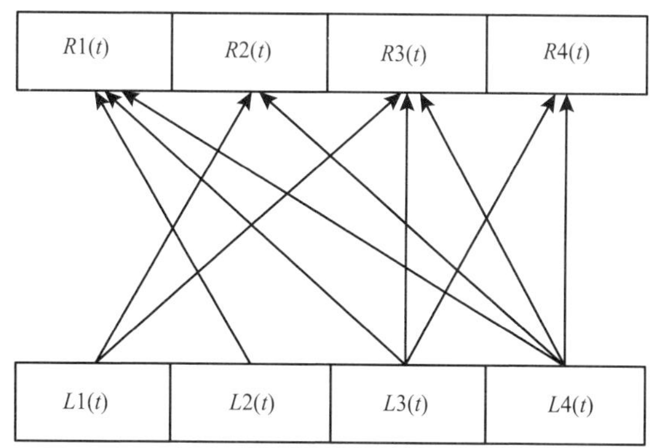

图4-1 流位变量控制流率变量二部分图

二部分图刻画了系统中不同子系统之间的相互关联方式，这种关联关系是系统产生动态反馈复杂性的根本原因。在二部分图的基础上，分析流位变量控制流率变量的具体路径，运用流率基本入树建模法建立了系统如下的四棵流率基本入树模型，如图 4 -2 所示。

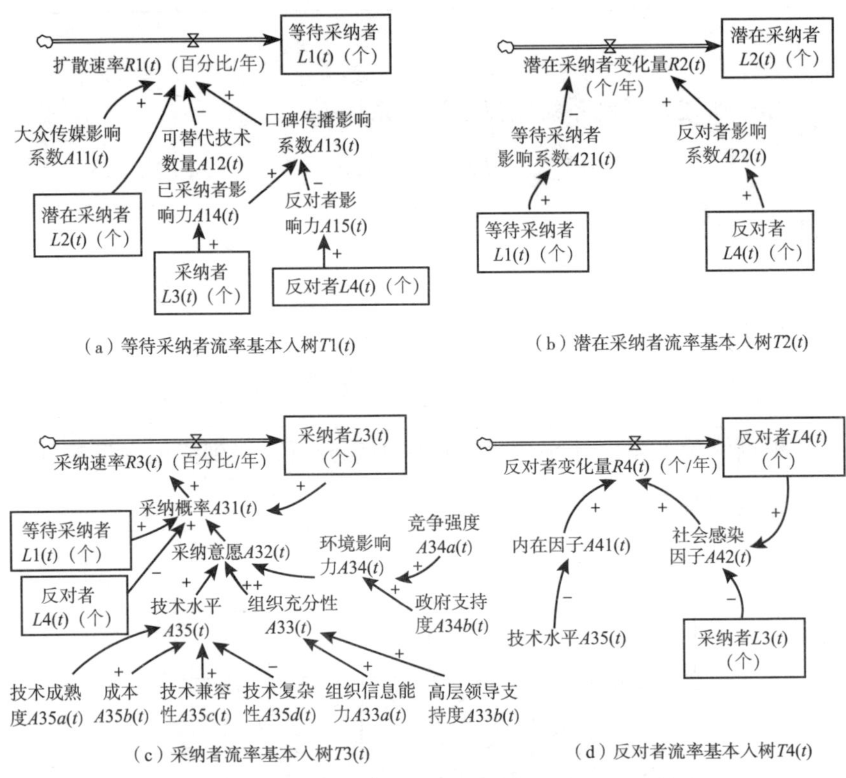

（a）等待采纳者流率基本入树T1(t)

（b）潜在采纳者流率基本入树T2(t)

（c）采纳者流率基本入树T3(t)

（d）反对者流率基本入树T4(t)

图 4 -2　企业 RFID 采纳扩散系统流率基本入树模型

流率基本入树模型刻画了企业 RFID 采纳扩散系统的基本结构，是系统反馈复杂性研究的基础。

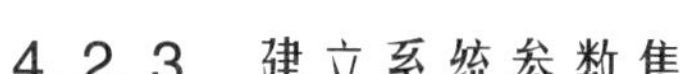

4.2.3 建立系统参数集

根据对企业 RFID 采纳扩散过程的研究分析，并结合系统的实际情况与发展方向，建立企业 RFID 采纳扩散系统的参数集如表 4－2 所示。其中，我们将流位变量以 $Li(t)$ 表示；将流率变量（又称为速率变量）以 $Ri(t)$ 表示；将从信源到流率变量之间的变量称为辅助变量，以 Aij 表示；将辅助变量中，在后续模型计算及仿真过程不随时间变化的量称为常量；将制约内生变量，但又不受内生变量制约的变量称之为外生变量，以 Ei 表示，且辅助变量可以为外生变量。

表 4－2　系统流率流位及辅助参数

变量类型	变量及其含义	
流位变量	等待采纳者 $L1(t)$	企业 RFID 采纳扩散系统中等待采纳者数量
	潜在采纳者 $L2(t)$	企业 RFID 采纳扩散系统中潜在采纳者数量
	采纳者 $L3(t)$	企业 RFID 采纳扩散系统中采纳者数量
	反对者 $L4(t)$	企业 RFID 采纳扩散系统中反对者数量
速率变量	扩散速率 $R1(t)$	单位时间系统内等待采纳者扩散速率变化的量
	潜在采纳者变化量 $R2(t)$	单位时间系统内潜在采纳者变化的量
	采纳速率 $R3(t)$	单位时间系统内采纳者采纳速率变化的量
	反对者变化量 $R4(t)$	单位时间系统内反对者数量变化的量

续表

变量类型	变量及其含义	
辅助变量	口播传播影响系数 A13(t)	口播传播影响系数
	已采纳者影响力 A14(t)	随采纳者变化的已采纳者对口碑传播的影响系数
	反对者影响力 A15(t)	随反对者变化的反对者对口碑传播的影响系数
	等待采纳者影响系数 A21(t)	随等待采纳者变化的等待采纳者影响系数
	反对者影响系数 A22(t)	随反对者变化的反对者对潜在采纳者数量的影响系数
	采纳概率 A31(t)	采纳者的采纳概率
	采纳意愿 A32(t)	采纳者的采纳意愿
	技术水平 A35(t)	随技术成熟度及成本变化的技术水平
	技术成熟度 A35a(t)	随时间及采纳者数量变化的技术成熟度
	成本 A35b(t)	随时间变化的 RFID 标签价格
	内在因子 A41(t)	随技术水平变化的内在因子
	社会感染因子 A42(t)	随采纳者及反对者数量变化的社会感染因子
常量	可替代技术数量 A12	可替代 RFID 技术的数量
	组织充分性 A33	组织对采纳意愿的影响
	组织信息能力 A33a	组织目前信息技术综合能力
	高层领导支持度 A33b	组织高层领导对 RFID 技术采纳的支持度
	环境影响力 A34	环境对采纳意愿的影响
	竞争强度 A34a	环境中目前的竞争强度
	政府支持度 A34b	环境中目前的政府支持度
	技术兼容性 A35c	RFID 技术的兼容性
	技术复杂性 A35d	RFID 技术的复杂程度
	企业总数 A36	系统内部企业总数

续表

变量类型	变量及其含义	
外生变量	*E*1（大众传媒影响系数 *A*11（*t*））	当前时段大众传媒对扩散速率的影响系数
	*E*2（*TIME*）	时间变量

4.2.4　企业 RFID 采纳扩散系统流图模型

流率基本入树模型是对企业 RFID 采纳扩散系统的分散难点规范化建模，通过对系统的拆分实现复杂性及分析难度的降阶，对于建模初期了解系统结构非常有效，但该模型也存在不足：流率基本入树模型将系统进行拆分建模，因此在对系统进行分析时，只能分别反映局部系统变量之间的作用关系，难以从整体上把握系统的反馈规律。

系统流图是在流率基本入树以及因果关系图建模基础上进行的深化研究，通过明确系统发展目的来确定个变量的类型，承载着高于因果关系图的信息量。为了整体分析系统反馈结构，本书在流率基本入树模型的基础之上，结合潜在采纳者、等待采纳者、采纳者与反对者之间的转换关系，将四棵流率基本入树进行嵌运算，把握系统的主要因素，将系统内部次要因素及难以量化因素进行整合简化，最终得到企业 RFID 采纳扩散系统流图，如图 4－3 所示。

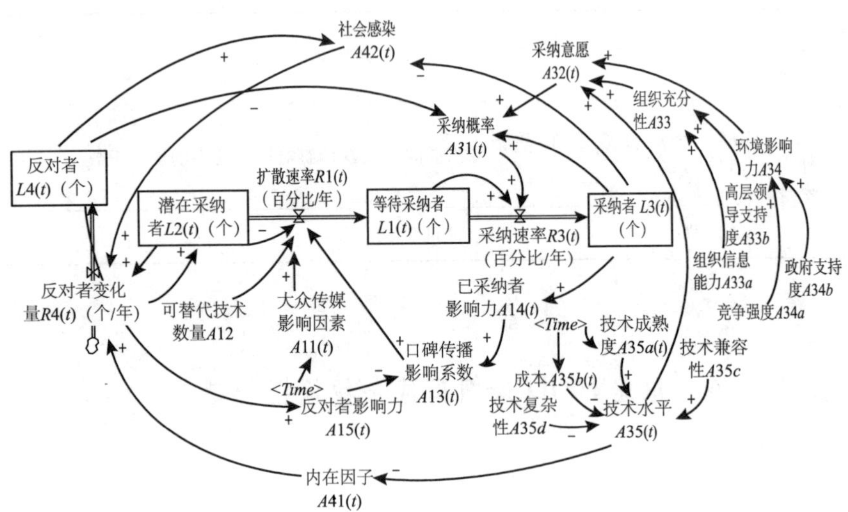

图 4－3　企业 RFID 采纳扩散系统流图模型

模型根据流位变量之间的转换关系，将流率基本入树模型中的三棵树嵌在一起，形成一个两阶段结构。两阶段结构的左侧部分是企业 RFID 技术扩散过程，右侧部分则是企业 RFID 技术的采纳过程。反对者游离在两阶段结构之外，从整体的角度影响着系统的运行，不仅对企业 RFID 技术采纳过程发挥着作用，也影响着企业 RFID 技术的扩散过程。

4.3　本章小结

本章在企业 RFID 采纳扩散系统因果关系图的基础之上，根据系统动力学的建模步骤，在合理的动态假设条件下构建了企业 RFID 采纳扩散系统流位流率系。同时，通过对采纳者、等待采纳者、潜在采

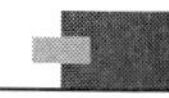

纳者及反对者四个流位变量分析，深入了解了企业 RFID 采纳扩散系统影响因素在不同流位变量中的作用路径，聚焦于关键影响因素，以数据可获得性原则为基础构建了企业 RFID 采纳扩散系统流图，为下一章建立模型方程及仿真验证奠定了基础。

第 5 章 RFID采纳扩散机理模型仿真

为了充分把握系统的整体复杂性特征，系统动力学将研究重点放在了动态反馈机制上，通过构建模型的反馈结构来描述客观实际，精确的数据对于模型结构分析而言并不是必需的。但系统动力学作为一种定性与定量相结合的方法，定性的仿真过程也是十分重要的。在仿真过程中，可以通过实验参数的调整和模型不同情景的模拟运行，来理解系统动力学模型的结构与系统行为模式的关系。基于此，本章将在企业 RFID 采纳扩散系统动力学模型结构分析的基础上，通过仿真模拟来分析反对者影响及采纳扩散之间的互动关系，探究采纳者、等待采纳者及技术水平对 RFID 技术采纳扩散的协同影响作用的方向和大小。根据系统边界确定准则，本书确定系统的研究时限为 2008 ~ 2038 年，仿真步长为 1 年，模型共建立 4 个状态变量、3 个速率变量、20 个辅助变量及 27 个模型方程。

5.1 模型方程构建

5.1.1 模型方程的种类

(1) 流位变量方程。

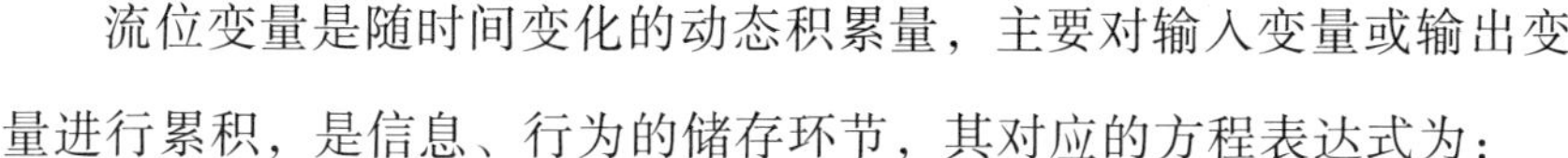

流位变量是随时间变化的动态积累量，主要对输入变量或输出变量进行累积，是信息、行为的储存环节，其对应的方程表达式为：

$$lvS(t) = S(t_0) + \int_{t_0}^{t} rateS(t)\,\mathrm{d}t \tag{5.1}$$

其中，$lvS(t)$ 表示在 t 时刻的流位变量积累量，$rateS(t)$ 表示在 t 时刻下的流位变量的变化速率。

（2）速率变量方程。

速率变量是用于将系统内外部“概念”的信息量化为系统状态的增减量，是输入变量和输出变量的统称，其对应的方程表达式为：

$$rateS(t) = g[lvS(t),\ aux(t),\ exo(t),\ const] \tag{5.2}$$

其中，$rateS(t)$ 表示在 t 时刻下的流位变量的变化速率，$lvS(t)$ 表示在 t 时刻的流位变量积累量，$aux(t)$ 表示辅助变量，$exo(t)$ 表示外生变量，$const$ 表示常数变量。

（3）辅助变量方程。

辅助变量是用于辅助速率变量方程构建而引入的信息反馈变量，是反馈系统中用于描述和分解信息的变量，其对应的方程表达式为：

$$aux(t) = f[lv(t),\ exo(t),\ const,\ aux'(t),] \tag{5.3}$$

其中，$aux'(t)$ 是待求辅助变量 $aux(t)$ 外的其他辅助变量。

（4）表函数。

模型中往往需要描述某些变量之间的非线性关系，显然简单地由其他变量进行代数组合的辅助变量难以对这种关系进行描述，因此系统动力学方程中运用了大量的表函数来描述这一类复杂的非线性关系。其对应的方程表达式为：

$$\text{LOOKUP NAME}[(X_{\min},\ X_{\max}),\ (Y_{\min},\ Y_{\max})] \tag{5.4}$$

其中，X 是自变量，Y 是因变量。

5.1.2 模型参数估计方法

系统动力学模型在进行模拟之前，需要对变量之间的函数关系进行定义，也就是方程关系。在定义变量的函数关系之前，需要对系统各变量之间的权重关系、常数变量以及表函数进行赋值，再从某个变量展开对其余变量的方程关系定义。在模型仿真的过程中，模型参数满足建模的合理性与科学性即可，不必对参数的准确度要求过于严格。对模型参数的估计方法主要包括以下三种：

①通过问卷调查并结合网络层次分析法，估计变量之间的权重关系，如技术水平权重、组织充分性权重、环境影响力权重等。

②通过实际调查、案例分析及 RFID 技术应用相关网站发布的数据，估计表函数的赋值，如成本、技术成熟度、大众传媒影响系数等。

③通过参考已有研究成果，在数据取值范围内采用模拟数据，估计常数变量的赋值，如技术兼容性、技术复杂性等。

5.1.3 方程所需权重赋值

在利用 Vensim PLE 软件建立系统动力学方程时，首先要定义模型系统的参数并对其赋值。此处所得出的数值，均是通过文献研究，利用网络层次分析法、专家咨询及数据收集和处理后得到的，其中前面已将从时间变化上改变不明显的参数设置为常数值。下面得到的数据均为符合系统动力学结构模型应用而处理过后的数值。

（1）网络层次分析法及实施步骤。

根据企业 RFID 采纳扩散系统中各因素（即表 4－2 中的辅助变量、常量及部分外生变量）之间的关系结构，本书选择采用网络层次分析法求取各项因素的权重。网络层次分析法（analytic network process，ANP）是对层次分析法（AHP）的优化和拓展，它的系统模型结合了递阶式结构与网络结构，能准确合理地反映出各元素之间的相互关系，并考虑到指标之间的相依性和回馈性，利用数学思维对层次问题的分析提供决策方案，适用于元素相互影响的复杂实际问题。

网络层次分析法的分析思路及实施步骤如下：

①建立网络层次结构模型。层次结构通常包括控制层及网络层，控制层是指期望实现的目标及准则，而网络层则是由受到控制层主导的各元素组合而成。建立网络层次结构就是将系统内各元素放入其对应的层次，并以箭头明确各元素之间的联系。

②问卷设计及数据处理。研究数据主要来源于问卷调查，调查问卷主要针对“企业 RFID 采纳扩散系统影响因素”设计，为了使结果更具可信度，选择向 RFID 技术采纳扩散研究课题组所有成员、相关领域专家、技术人员、行业企业人士等所组成的调研群体发放调查问卷，收集调研数据并对数据进行归一化处理。

③基于对所有调查问卷对企业 RFID 采纳扩散系统影响因素相对重要性打分结果，通过两两比较的方式，构建正反矩阵来计算各影响因素的权重。矩阵有行和列，行代表着准则，列代表着次准则，根据主次关系可知，a_{ij}表示第 i 行的主影响因素相比第 j 列的次影响因素的重要性程度。正反矩阵中所有 a_{ij}都是在结合客观实际的基础之上，在课题组成员以及调研对象的帮助下，采用九级梯度法进行计算和确定，重要程度标度如表 5－1 所示。

表 5-1　　标度说明

标度	标度含义	标度	标度含义
1	因素 C 与因素 D 相比，重要程度一致	1	因素 D 与因素 C 相比，重要程度一致
3	因素 C 与因素 D 相比，稍微重要	1/3	因素 D 与因素 C 相比，稍微重要
5	因素 C 与因素 D 相比，明显重要	1/5	因素 D 与因素 C 相比，明显重要
7	因素 C 与因素 D 相比，强烈重要	1/7	因素 D 与因素 C 相比，强烈重要
9	因素 C 与因素 D 相比，极端重要	1/9	因素 D 与因素 C 相比，极端重要

④根据专家调查表可构建两两对比的判断矩阵，基于判断矩阵并结合权重的计算公式，可计算得到所需权重，最后进行一致性检验。若一致性检验通过，则所求权重即为需求权重，若检验不通过，则重新调整判断矩阵，直至检验通过为止。影响因素权重的计算主要可分为五步，具体步骤如下：

第一，计算元素积的 n 次开方，记作$\overline{W_i}$，$\overline{W_i} = \sqrt[n]{\prod a_{ij}}$。

第二，归一化处理，$\overline{W} = \sum \overline{W_i}$。

第三，计算权重，记作 W_i，$W_i = \frac{\overline{W_i}}{\overline{W}}$。

第四，计算矩阵的最大特征值，记作 λ_{max}，$\lambda_{max} = \frac{1}{n}\sum_{i=1}^{n}\frac{(UW)_i}{W_i}$。

第五，一致性检验。检验判断矩阵一致性指标 $CI = \frac{\lambda_{max} - n}{n-1}$，一致性比率 $CR = \frac{CI}{RI}$，RI 为同阶平均随机一致性指标。当满足 $CR < 0.1$ 时，表示一致性检验通过，即判断矩阵符合一致性标准。

（2）权重求解过程。

①建立网络层次结构模型。根据第 3 章和第 4 章中对企业 RFID 采纳扩散系统影响因素及流率基本入树的分析，结合项目成员和专家意见，将企业 RFID 采纳扩散系统影响因素分为三级，具体情况如表 5 - 2 所示。

表 5 - 2　　企业 RFID 采纳扩散系统影响因素（三级因素）

<table>
<tr><th>类别</th><th>一级指标</th><th>二级指标</th><th>三级指标</th></tr>
<tr><td>第一类因素</td><td>潜在采纳者因素 E1</td><td>等待采纳者影响因子 F1
反对者影响因子 F2</td><td></td></tr>
<tr><td>第二类因素</td><td>等待采纳者因素 E2</td><td>大众传媒影响系数 F3
口碑传播影响系数 F4</td><td></td></tr>
<tr><td rowspan="3">第三类因素</td><td rowspan="3">采纳者因素 E3</td><td>技术水平 F5</td><td>技术成熟度 G1
技术复杂性 G2
成本 G3
技术兼容性 G4</td></tr>
<tr><td>组织充分性 F6</td><td>组织信息能力 G5
高层领导支持度 G6</td></tr>
<tr><td>环境影响力 F7</td><td>竞争强度 G7
政府支持度 G8</td></tr>
<tr><td>第四类因素</td><td>反对者因素 E4</td><td>内在因子 F8
社会感染因子 F9</td><td></td></tr>
</table>

在对企业 RFID 采纳扩散系统三级因素分别进行划分之后，下一步应当对个因素之间的相互关系进行确定，但此三级因素之间的关系可由企业 RFID 采纳扩散系统流率基本入树模型清晰看到，在此就不多做赘述。根据三级因素以及因素之间的关系，可得企业 RFID 采纳扩散系统影响因素分析 ANP 结构模型图如 5 - 1 所示。

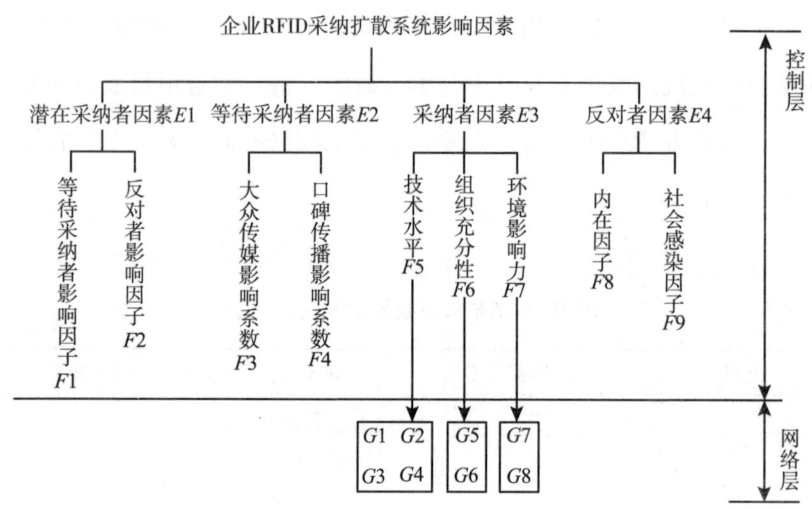

图 5-1　企业 RFID 采纳扩散系统影响因素网络

②问卷设计及数据处理。上面对企业 RFID 采纳扩散系统影响因素进行了分析，将所有影响因素分为三级，并对它们之间的相互关系进行分析，进而构建出企业 RFID 采纳扩散系统影响因素 ANP 结构模型。从图 5-1 中可以看出，结构模型含有一级因素 $E1$、$E2$、$E3$、$E4$，且每一个一级因素都有其对应的二级因素 $Fn(n=1, 2, \cdots, 9)$，只有部分二级因素才有与之对应的三级因素 $Gm(m=1, 2, \cdots, 8)$。其中，因素体系中的一级因素 $E1$、$E2$、$E3$ 和 $E4$ 作为 ANP 模型结构中的控制层，而二级因素 $Fn(n=1, 2, \cdots, 9)$ 和三级因素 $Gm(m=1, 2, \cdots, 8)$ 则作为 ANP 模型结构中的网络层。

本书中对影响因素的权重确定所需数据均来源于企业 RFID 采纳扩散系统权重确定调查问卷，问卷具体内容见附录。本次调查问卷主要针对“企业 RFID 采纳扩散系统影响因素的重要程度”这一问题而设计，分别以“1～9”共 9 个标度来代表该影响因素由低到高的影响程度。调查问卷的发放对象包括 RFID 技术采纳扩散研究课题组成员、相关领域专家、技术人员及行业企业人士 4 类，共 30 人。其中，课题组成员 10 名，相关领域专家 4 名，技术人员 6 名，行业企业人士 10 名。问卷后附上 RFID 技术相关影响因素的解释和说明，以模拟获取一定技术信息后的等待采纳者对采纳扩散各影响因素重要程度的理解和判断。本次调研共发放包括课题组成员在内的 30 份调查问卷，共回收 30 份，其中剔除不符合要求的 3 份问卷，保留有效问卷共计 27 份。问卷调查结果汇总情况如表 5－3 所示。

表 5－3　　问卷情况汇总

类别	企业 RFID 采纳扩散系统影响因素对比	正向对比样本总量	反向对比样本总量	不同重要程度样本数量				
				同等重要	稍微重要	明显重要	强烈重要	极端重要
一级因素对比情况	等待采纳者比潜在采纳者	16	11	0	5	8	3	0
	采纳者比潜在采纳者	19	8	0	2	8	6	3
	反对者比潜在采纳者	18	9	2	6	4	4	2
	采纳者比等待采纳者	16	11	1	8	3	5	0
	等待采纳者比反对者	15	12	1	6	4	2	2
	采纳者比反对者	19	8	0	4	6	6	3
二级因素对比情况	等待采纳者影响因子比反对者影响因子	22	5	0	5	13	2	1
	口碑传播影响系数比大众传媒影响系数	18	9	1	7	8	2	0
	RFID 技术水平比组织充分性	24	3	0	5	10	7	2
	RFID 技术水平比环境影响力	21	6	0	6	11	3	1
	环境影响力比组织充分性	15	12	4	1	7	3	0
	内在因子比社会感染因子	17	10	3	2	8	2	2

续表

类别	企业 RFID 采纳扩散系统影响因素对比	正向对比样本总量	反向对比样本总量	不同重要程度样本数量				
				同等重要	稍微重要	明显重要	强烈重要	极端重要
三级因素对比情况	技术成熟度比技术复杂性	25	2	5	9	8	3	0
	技术成熟度比成本	16	11	1	8	5	2	0
	技术成熟度比技术兼容性	15	12	2	2	9	1	1
	成本比技术复杂性	19	8	0	11	5	3	0
	成本比技术兼容性	14	13	0	4	8	2	0
	技术复杂性比技术兼容性	23	4	5	5	8	5	0

注：正向对比样本总量表示选择 C 比 D 重要的样本量，而反向对比样本总量表示选择 D 比 C 重要的样本量，选择 C 与 D 同等重要的样本量计入正向对比样本总量。

（3）各级权重的确定。

经过问卷调查及网络层次分析法进行权重分析，可求得各级和各子系统内部因素所对应的权重。以下各个影响因素权重均由 27 位课题组成员及调研对象进行评分，经过计算所得。系统各影响因素权重赋值如表 5－4 所示。

表 5－4　系统影响因素权重赋值

系统	变量	权重
潜在采纳者子系统	等待采纳者影响系数	0.8333
	反对者影响系数	0.1667
等待采纳者子系统	大众传媒影响系数	0.3333
	口碑传播影响系数	0.6667

续表

系统	变量	权重
采纳者子系统	技术水平	0.7172
	组织充分性	0.0881
	环境影响力	0.1947
	技术成熟度	0.2334
	成本	0.5871
	技术兼容性	0.1186
	技术复杂性	0.0609
	组织信息能力	0.6667
	高层领导支持度	0.3333
	竞争强度	0.6667
	政府支持度	0.3333
反对者子系统	内在因子	0.8333
	社会感染因子	0.1667

5.1.4　模型主要参数估计

（1）常量函数。

①可替代技术数量。可替代技术是指在部分领域上可以替代 RFID 应用的技术。根据 IDTechEX 统计，2017 年全球 RFID 标签销售量高达 1820 亿个，主要分布于物流、服饰、零售以及交通行业。在零售、服饰及物流方面，由于 RFID 的成本特性，条形码技术仍有较大的使用范围；而对于交通等行业而言，二维码的应用范围同样不可忽视。综上所述，本书将可替代技术数量这一变量设置为常量，取值为 2。

②技术复杂性/技术兼容性。技术复杂性是指潜在采纳者理解并

使用 RFID 技术的难度，而技术兼容性则是指潜在采纳者认为 RFID 技术与企业现有技术或系统的匹配程度。二者都是较为主观的因素，因此对这两个常量的设置，采取模拟数据的形式，即在不影响模型趋势变化和可比性条件下，结合技术复杂性的取值范围，给出一个理论允许的随机数据。综上所述，对这两个常量分别赋值，技术复杂性为 0.23，技术兼容性为 0.42。

③组织充分性/组织信息能力/高层领导支持度。组织充分性是指目前组织对采纳 RFID 技术准备的充分程度，这一程度的考量主要从两个方面出发，分别是组织信息能力与高层领导支持度。组织大小及组织采纳意向的不确定性，会导致对具体组织相关影响因素难以量化，更不用说量化动态变化过程。因此，为了不盲目拓宽系统边界，在此将组织充分性、组织信息能力、高层领导支持度看作业内平均水平，设置为不反应动态变化的静态指标（即常量），并从行业平均水平的角度对三个常量赋值。综上所述，对组织信息能力及高层领导支持度这两个常量赋值，组织信息能力为 0.55，高层领导支持度为 0.5。结合两者对应的权重，组织充分性算得 0.53。

④环境影响力/竞争强度/政府支持度。环境影响力是指外部环境对企业 RFID 技术采纳的推动力度，主要包括市场的竞争压力、政府及行业组织的推动等多个方面。与组织充分性相同，为了反映环境对采纳过程的影响，取竞争强度和政府支持度的平均水平，设置为不反应动态变化的静态指标，并对其赋值。综上所述，竞争强度赋值为 0.65，政府支持度为 0.6，结合两者对应权重，环境影响力算得 0.63。

综上所述，系统常量和赋值情况见表 5－5。

表 5－5　系统常量赋值

常量符号	常量	赋值
A12	可替代技术数量	2
A33	组织充分性	0.53
A34	环境影响力	0.63
A36	系统内企业总数	1000
A33a	组织信息能力	0.55
A33b	高层领导支持度	0.50
A34a	竞争强度	0.65
A34b	政府支持度	0.60
A35d	技术复杂性	0.23
A35c	技术兼容性	0.42

（2）表函数。

①大众传媒影响系数。大众传媒以类似“脉冲”的形式，每隔一段时间向潜在采纳者传播一次 RFID 技术信息。在对大众传媒影响系数的设置上，参照朱兰德（Jeuland）的建议，将大众传媒影响系数设定在 5% 以下，并将其设置为时间变量 *Time* 的表函数，以年（*Year*）为单位进行传播，且每次信息传播的边际效应以 0.1% 的速率衰减。

②成本。RFID 标签价格是采纳成本的主要组成部分，标签的价格随着时间不断变化，因此将该变量设置为时间变量 *Time* 的表函数。本书根据实际调查、案例分析及 RFID 技术应用相关网站发布的数据，并根据高频价格走势合理设定，获取到近 8 年的 RFID 销售价格数据。该数据是根据 RFID 市场规模计算所得，包含 RFID 读写器、服务及系统的综合售价。根据 2011 年 IDTechEX 预测，RFID 标签的平均售价将在未来 5 年到达 0.22 美元（即 1.54 元），另外根据 2018

年 RFID 标签售价整理可得当年 RFID 标签平均售价为 1.2 元（约占当年销售价格 24%），据此对 RFID 标签按照上述价格比例进行计算。具体的价格数据如表 5－6 所示。

表 5－6　RFID 标签销售价格

年份	2011	2012	2013	2014	2015	2016	2017	2018
RFID 市场规模（亿美元）	59.7	69.8	78.8	87.3	95.6	105.2	112	127.2
RFID 销售量（亿个）	30.2	53.8	64.5	78.0	91.0	116.0	152.0	178.0
RFID 销售价格（元）	13.80	9.06	8.53	7.81	7.33	6.32	5.14	4.99
RFID 标签价格（元）	3.32	2.17	2.05	1.87	1.76	1.52	1.24	1.20

资料来源：IDTechEX 调研公开数据整理。

为了与技术成熟度保持单位一致性，在此对标签销售价格进行数据处理，计算 RFID 标签相对价格水平，RFID 标签相对价格水平 = $1-(x-0.5)/3.32$（0.5 为 RFID 标签理想采纳价格）。对价格数据进行一元回归分析，得到回归方程：价格水平 = $0.053x-106.588$，其中 x 表示年份，回归方程的 R^2 值为 0.982，拟合优度良好。通过回归方程对后续年份的 RFID 价格数据进行预测，并将 2008～2038 年价格数据以表函数的形式输入模型方式，如表 5－7 所示。

表 5－7　RFID 标签相对价格水平

年份	2011	2012	2013	2014	2015	2016	2017	2018
相对价格水平（百分比）	0.15	0.49	0.53	0.58	0.62	0.69	0.77	0.79

③技术成熟度。技术成熟度随着 RFID 的应用以及时间的推移不断增加，因此将该变量设置为时间变量 *Time* 的表函数。本书根据技

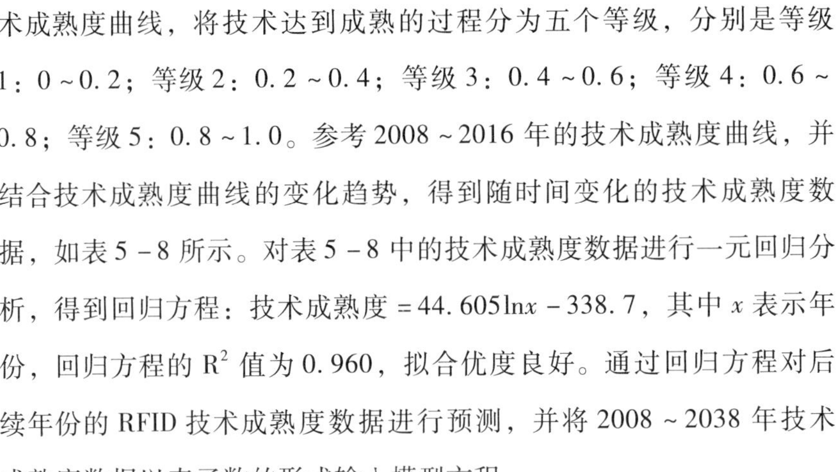

术成熟度曲线，将技术达到成熟的过程分为五个等级，分别是等级1：0～0.2；等级2：0.2～0.4；等级3：0.4～0.6；等级4：0.6～0.8；等级5：0.8～1.0。参考2008～2016年的技术成熟度曲线，并结合技术成熟度曲线的变化趋势，得到随时间变化的技术成熟度数据，如表5－8所示。对表5－8中的技术成熟度数据进行一元回归分析，得到回归方程：技术成熟度＝44.605ln$x$－338.7，其中x表示年份，回归方程的 R^2 值为0.960，拟合优度良好。通过回归方程对后续年份的RFID技术成熟度数据进行预测，并将2008～2038年技术成熟度数据以表函数的形式输入模型方程。

表5－8　　RFID 技术成熟度

年份	2008	2009	2010	2011	2012	2013	2014	2015	2016
技术成熟度（百分比）	0.50	0.52	0.54	0.56	0.58	0.64	0.67	0.69	0.72

资料来源：Gartner 技术成熟度曲线。

5.1.5 模型方程

通过对RFID技术采纳扩散系统因果图及流图的建立和观察，前期已确定该系统的流入流出量。基于此，本书在系统动力学分析框架下进一步定义各变量之间的关系，对建立的模型进行定量化转换，可得RFID技术采纳扩散系统动力学方程如下[①]：

①INITIAL TIME＝2008，Units：年

① 在系统动力学中，这种等式就属于方程式，27个方程没有严格的先后步骤。方程式中的英文，都是Vensim PLE软件中系统自带的参数或者函数，在系统中直接设置或者调用；方程式中等号左边的中文变量为第4章所定义的系统变量。

②TIME STEP = 1，Units：年

③FINAL TIME = 2038，Units：年

④SAVEPER = TIME STEP

⑤等待采纳者 = INTEG(扩散速率 - 采纳速率,55)

⑥扩散速率 = (大众传媒影响系数 × 0.333 + 口碑传播影响系数 × 0.667)/可替代技术数量

⑦口碑传播影响系数 = 已采纳者影响系数 - 反对者影响系数

⑧已采纳者影响系数 = 采纳者 × 0.001(假设单位时间内一个采纳者可传染一个潜在采纳者)

⑨大众传媒影响系数 = WITH LOOKUP(Time，([(2008，0.02) - (2038，0.05)]，(2008，0.05)，(2009，0.049)，(2010，0.048)，(2011，0.047)，(2012，0.046)，(2013，0.045)，(2014，0.044)，(2015，0.043)，(2016，0.042)，(2017，0.041)，(2018，0.039)，(2019，0.038)，(2020，0.037)，(2021，0.036)，(2022，0.035)，(2023，0.034)，(2024，0.033)，(2025，0.032)，(2026，0.031)，(2027，0.03)，(2028，0.029)，(2029，0.028)，(2030，0.027)，(2031，0.026)，(2032，0.025)，(2033，0.024)，(2034，0.023)，(2035，0.022)，(2036，0.021)，(2037，0.02)，(2038，0.02)))

⑩反对者影响系数 = 反对者 × 0.001(假设单位时间内一个反对者可传染一个潜在采纳者)

⑪潜在采纳者 = INTEG(扩散速率 - 反对者变化量，910)，Units：个

⑫采纳者 = INTEG(采纳速率，25)，Units：个

⑬采纳速率 = 等待采纳者 × 采纳概率，Units：个/年

⑭采纳概率 = 采纳意愿 + 采纳者 × 0.001 - 反对者 × 0.001，

Units：个/年

⑮采纳意愿 = 技术水平 ×0.7172 + 组织充分性 ×0.0881 + 环境影响力 ×0.1947

⑯技术水平 = 技术复杂性 ×0.0609 + 成本 ×0.5817 + 技术成熟度 ×0.2334 + 技术兼容性 ×0.1186

⑰成本（价格水平）= WITH LOOKUP（Time（[（2008，0.1）-（2038，1）]，（2008，0.24），（2009，0.29），（2010，0.34），（2011，0.39），（2012，0.49），（2013，0.53），（2014，0.58），（2015，0.62），（2016，0.69），（2017，0.77），（2018，0.79），（2019，0.82），（2020，0.87），（2021，0.92），（2022，0.98），（2023，0.99），（2024，0.99），（2025，0.99），（2026，0.99），（2027，0.99），（2028，0.99），（2029，0.99），（2030，0.99），（2031，0.99），（2032，0.99），（2033，0.99），（2034，0.99），（2035，0.99），（2036，0.99），（2037，0.99），（2038，0.99）））

⑱技术成熟度 = WITH LOOKUP（Time，（[（2008，0）-（2038，0.99）]，（2008，0.50），（2009，0.52），（2010，0.54），（2011，0.56），（2012，0.58），（2013，0.64），（2014，0.67），（2015，0.69），（2016，0.71），（2017，0.72），（2018，0.74），（2019，0.76），（2020，0.78），（2021，0.80），（2022，0.83），（2023，0.85），（2024，0.87），（2025，0.89），（2026，0.91），（2027，0.94），（2028，0.96），（2029，0.98），（2030，0.99），（2031，0.99），（2032，0.99），（2033，0.99），（2034，0.99），（2035，0.99），（2036，0.99），（2037，0.99），（2038，0.99）））

⑲反对者 = INTEG（反对者变化量，10），Units：个

⑳反对者变化量 = 潜在采纳者 ×0.01 ×（内在因子 ×0.8333 + 社

会×0.1667)，Units：个/年

㉑社会感染因子 =(反对者 - 采纳者)/1000

㉒内在因子 =1 - 技术水平(即社会对技术水平预期值 - 技术水平当前值)

㉓可替代技术数量 =2

㉔组织充分性 =0.54

㉕环境影响力 =0.60

㉖技术复杂性 =0.23

㉗技术兼容性 =0.42

㉘系统内企业总数 =1000，Units：个

5.2 模型检验

5.2.1 仿真参数描述

考虑到国外企业应用 RFID 技术的历程始于 2003 年 6 月，进入中国市场并从培育期进入初创期的时间节点为 2006 年。因此，本书将仿真时间设置在 2006 年之后，以 2008 年奥运会 RFID 技术应用为起点，仿真时间设置为 30 年。起始时间为 0，表示企业 RFID 技术有效应用的开始时间，时间步长为 1 年，仿真结束时间为 2038 年。由于本书研究关注的是系统内部采纳速率和扩散速率，产业内企业数变化对其影响不大，因此假设产业内企业数恒定为 1000，根据扩散理论的创新者比例，将采纳者的比例设置为 2.5%（即采纳者初值为 25 人)，反对者比例设置为 1%，等待采纳者比例设置为 5.5%，由此计

算得出系统内潜在采纳者初值为 910 人，变量之间的函数关系如上节模型方程所述。本书运用 Vensim PLE 软件对企业 RFID 采纳扩散系统进行模型仿真分析，下面首先对模型的有效性进行检验。

5.2.2　逻辑性检验

系统流图第一次运行的时候，往往容易出现公式无法识别、参数设置不合理、单位错误等问题，因此在对企业 RFID 采纳扩散系统流图模型进行仿真之前，需要对模型初步设置进行检验，以此保证模型的合理性与可行性。为了确保模型参数正确的模拟系统的内在逻辑，通过软件的 Check Model（模型检验）功能对模型的逻辑性进行检验，检验结果如图 5－2 所示。

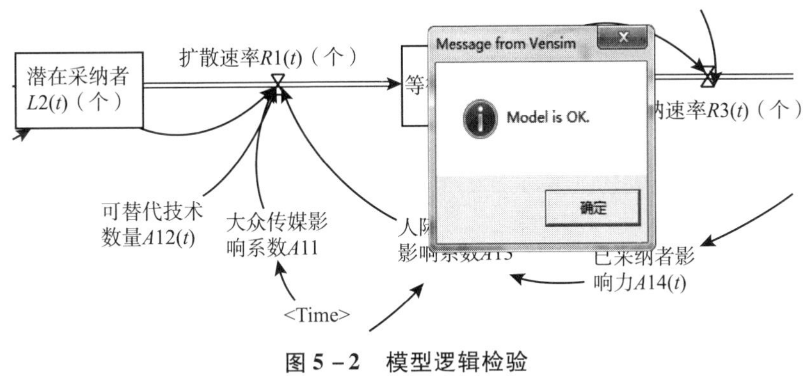

图 5－2　模型逻辑检验

通过 Check Model 逻辑检验，表明企业 RFID 采纳扩散系统流图模型是一个符合系统动力学逻辑的模型，是一个合理的模型。但这并不意味着模型就能直接对企业 RFID 采纳扩散量化过程进行仿真，行为模式和模型敏感性也是一个模型需要在投入使用前需要检验的指标。

5.2.3 行为模式检验

行为模式检验是指运行带入系统动力学方程、常量以及表函数后的整体模型，以此观察系统各变量的行为模式是否符合客观实际。一般情况下，模型中各个变量输出结果的走势具有一定的固定形式，若在行为模式检验中，模型输出结果不符合该变量在客观实际中的行为模式，则表明该模型的模拟结果与实际过程不符。

模型中，企业 RFID 采纳扩散过程分为两个部分：产业层面的扩散和企业层面的采纳。在产业扩散层面，本书主要从潜在采纳者和扩散速率入手进行检验，所得到的潜在采纳者曲线是一个随时间不断下降的曲线，上限为 1000，为产业内企业总量，随时间逐渐趋于 0，如图 5-3 所示。扩散速率曲线则是一个倒 U 形曲线，如图 5-4 所示。该曲线随时间的变化先上升后下降，符合技术创新扩散的一般规律。

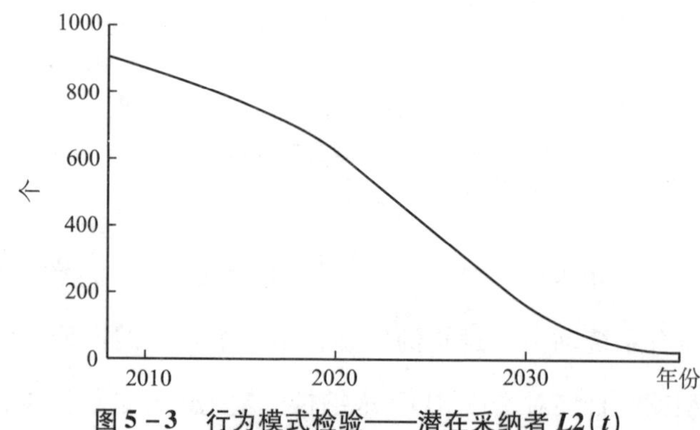

图 5-3 行为模式检验——潜在采纳者 $L2(t)$

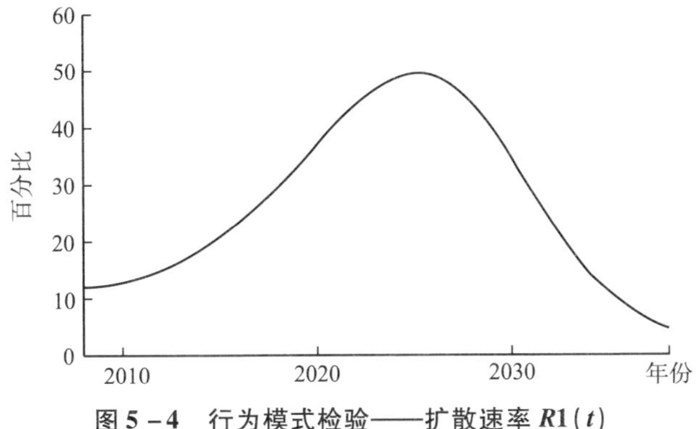

图 5-4　行为模式检验——扩散速率 *R*1(*t*)

在企业采纳层面，本书主要从采纳意愿和采纳者数量两个变量入手进行检验，所得到的采纳意图曲线随时间的变化先上升后趋于平缓的曲线，如图 5-5 所示。而采纳者曲线则是一个 S 形曲线，如图 5-6 所示。在组织内部，企业 RFID 技术的采纳受到采纳意愿的影响，采纳意愿越高，组织采纳 RFID 技术的时间越短，采纳者增长速度越快。在采纳初期和中期，采纳意愿随着 RFID 技术的不断成熟而逐渐上升，采纳者数量也随之先平缓上升，而后开始大规模增加。但在采纳后期，随着市场饱和以及 RFID 技术的成熟，采纳意愿与采纳者的曲线走势逐渐趋于平缓。

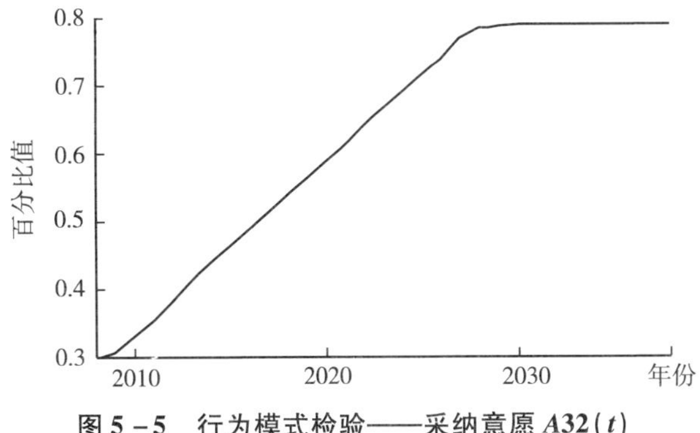

图 5-5　行为模式检验——采纳意愿 *A*32(*t*)

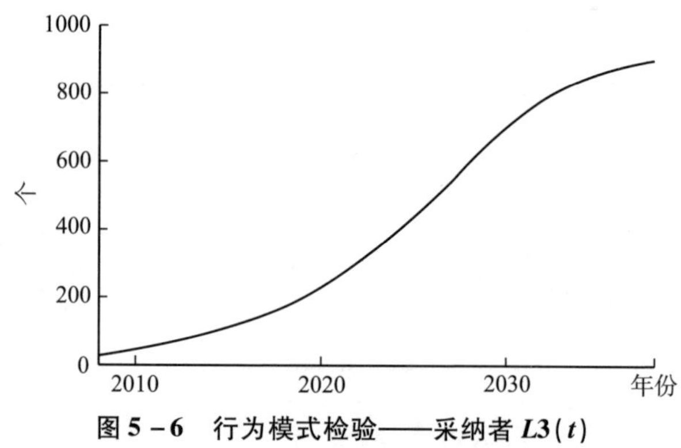

图 5－6 行为模式检验——采纳者 $L3(t)$

通过前面的行为模式检验的结果可以看出，企业 RFID 采纳扩散过程中采纳者、潜在采纳者、采纳意愿以及扩散速率均符合创新技术扩散理论及技术采纳规律，表明企业 RFID 采纳扩散系统流图模型可以反映客观实际，且对于不同的情景，企业 RFID 技术采纳和扩散可以展现不同的现象，模型不存在行为模式错误，可以用于模拟企业 RFID 采纳扩散的客观实际。

5.2.4 敏感性检验

敏感性检验是指通过让模型中的某个变量在一定范围内进行变化，以此观察系统运行情况的一种检验方法。一般情况下，变量数值的变动会导致模型输出结果的不同，但并不会改变输出结果的走势，若在敏感性检验过程中，模型输出结果发生大幅度、颠覆性的变化，则表示该模型极具敏感性，在实际使用的过程中存在较大的局限性。

本书以改变技术兼容性为例，检验模型的敏感性程度，将技术兼容性的参数设置为 0.1、0.4 和 0.9，来考察模型中关键流位变量、流率变量及辅助变量的反应程度。其中，流位变量重点考察“潜在采纳者”“等待采纳者”两个变量的变动趋势，速率变量重点考察“扩散速率”“采纳速率”两个变量的变动趋势，辅助变量重点考察“采纳意愿”“口碑传播影响系数”两个变量的变动趋势，以此来检验模型的敏感程度。具体检验结果如图 5－7、图 5－8、图 5－9 所示，其中技术兼容性 1、2、3 分别对应技术兼容性数值为 0.1、0.4 和 0.9 的三种情况。

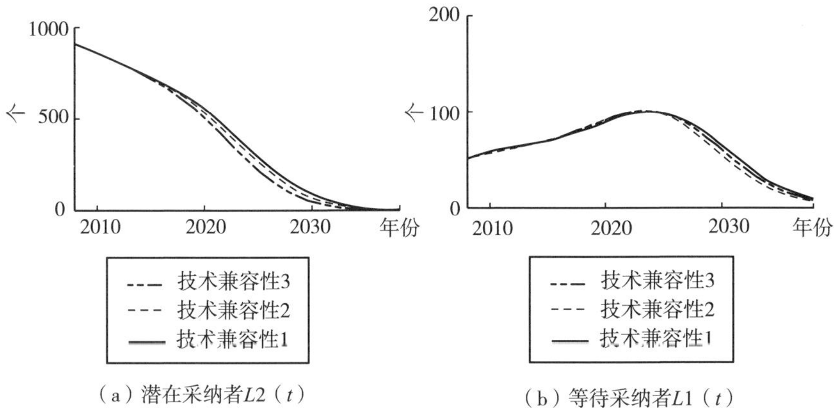

图 5－7　关键流位变量变动趋势

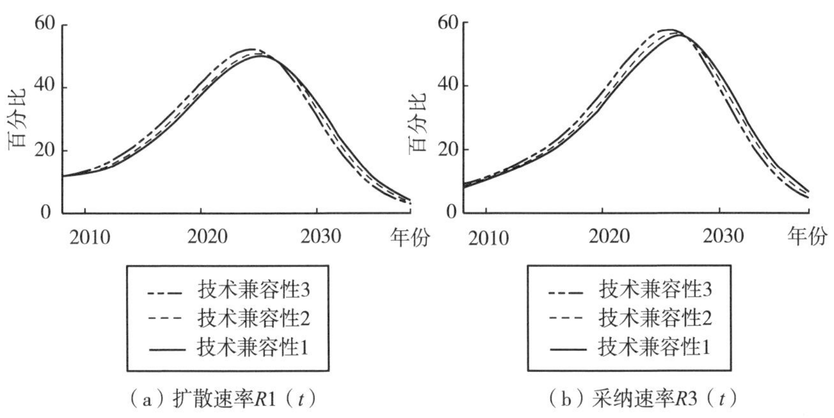

图 5－8　关键流率变量变动趋势

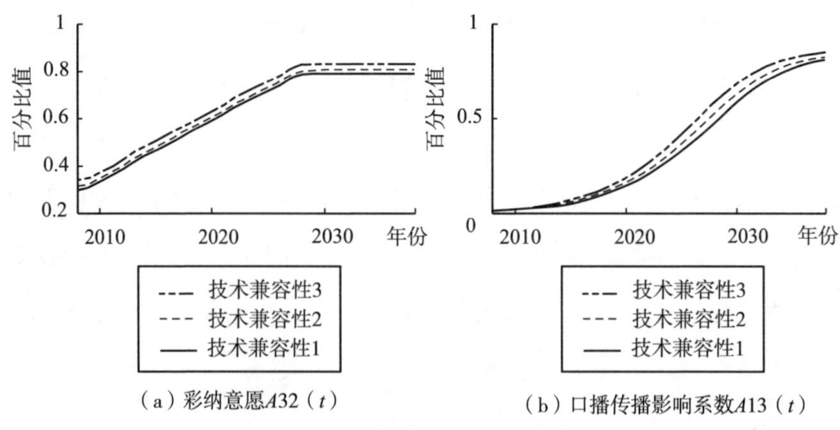

（a）彩纳意愿A32（t）

（b）口播传播影响系数A13（t）

图 5-9　关键辅助变量变动趋势

由上述关键流率变量、流位变量以及辅助变量变动趋势图可以看出，在改变了技术兼容性的数值后，模型中关键的流率、流位以及辅助变量的行为曲线会在振幅上表现出不同的差异，变量数值输出结果并不相同，但行为曲线的变化趋势并未出现大的波动，说明模型对参数变动的反应是不敏感的，因此本书所构建的企业 RFID 采纳扩散系统流图模型对参数的要求并不苛刻，模型在使用的过程中不存在较大的局限性，有利于模型在实际情况中的运用。

5.3　模型仿真

通过对企业 RFID 采纳扩散系统动力学模型进行模型检验，验证了模型能够良好地反映客观实际，具有强的有效性和稳定性。为了深入了解企业 RFID 采纳扩散过程的规律及机理，本书根据影响因素的变动状态划分出不同的仿真结果，从仿真结果中选取三个具有典型意义的情景进行结果分析。

5.3.1　外部环境调控模拟

（1）政府支持度调控模拟。

政府对企业 RFID 采纳扩散过程的推动主要是技术创新平台建设、宏观调控及政策支持作用，一方面是对技术扩散的引导，另一方面是对企业的政策扶持。本书将“政府支持度”变量系数由 0.6 增加到 0.9，模拟提升政府支持水平的情况下系统的动态行为。

结果如图 5－10 所示，从模拟结果的趋势来看，提高企业 RFID 采纳扩散过程中的政府支持度，对环境影响力和采纳意愿有着明显的增强作用，但政府支持度并不存在完全主导作用，结合实际情况分析而言，日前我国 RFID 技术扩散模式是已由政府主导型转化为政府合作型，政府承担着一定的调控责任的同时，也充分遵循了市场的自由发展趋势。

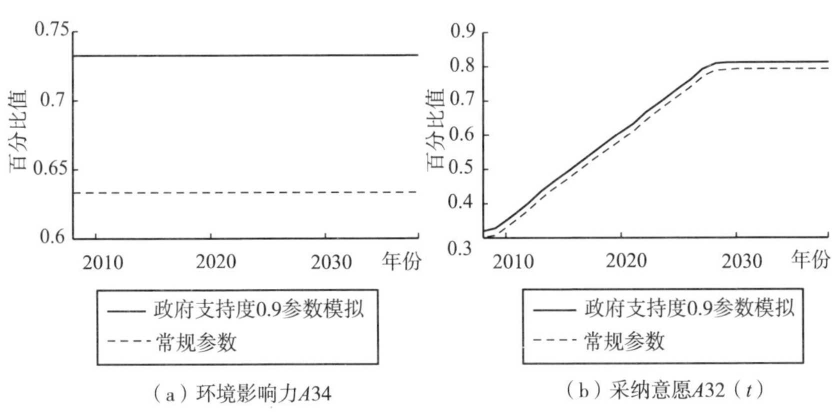

图 5－10　政府支持度调控模拟

（2）反对者影响变动情景仿真模拟。

不同反对者影响环境下企业对 RFID 技术的接纳程度是有区别的，反对者影响环境主要由两个变量构成：反对者影响力和社会感染因子。因此，通过这两个变量的组合，分别取原定值的 1.5 倍与 0.5 倍进行对比研究，可以对不同的反对者影响环境进行模拟仿真。具体仿真情况如图 5－11 所示。

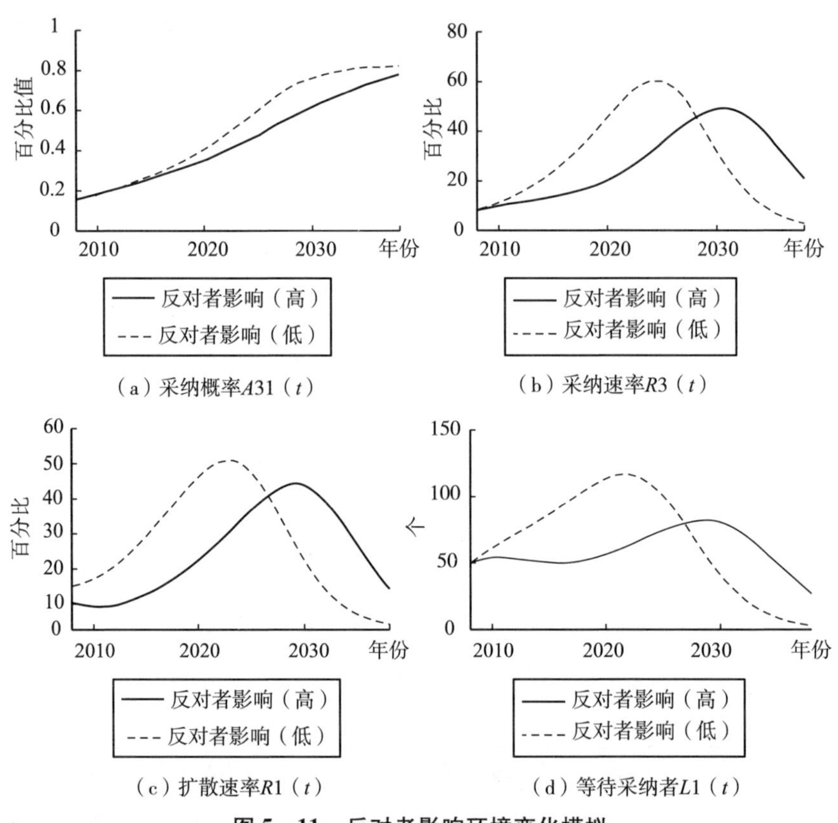

图 5－11　反对者影响环境变化模拟

从仿真结果可以看出，反对者影响环境对企业 RFID 技术采纳和扩散都有较大影响。在反对者影响下，反对者环境影响力越强，企业RFID技术采纳可能性越低，技术扩散速率越慢，但在不同反对者影响环境的作用下，企业RFID采纳扩散的规律是一致的。在初期，RFID采纳及扩散曲线呈平缓上升趋势，在中期达到采纳扩散速率的峰值，并在后期逐渐下降并趋于平缓。将反对者环境影响高和低两种情况进行比较，可以看出：首先，在早中期阶段，反对者影响较低环境中的采纳扩散速率均呈现出快速上升的趋势，而较高环境中的采纳扩散速率则增长缓慢。其次，反对者影响较低环境中的采纳扩散速率曲线峰值更高，且峰值出现的年份更早，这说明反对者影响较低环境中企业RFID技术更早出现大规模全方位的应用推广，且这一阶段出现的时间要比反对者影响较高环境早5年左右。

（3）产业竞争强度变化情景仿真模拟。

竞争强度不同的产业对RFID技术采纳的需求程度是不同的，竞争强度越大，企业的创新需求就越急迫。因此，将竞争强度分为高低两种情况对企业RFID采纳扩散过程进行模拟仿真，取竞争强度原定值的1.5倍与0.5倍进行对比研究，仿真结果如图5-12所示。

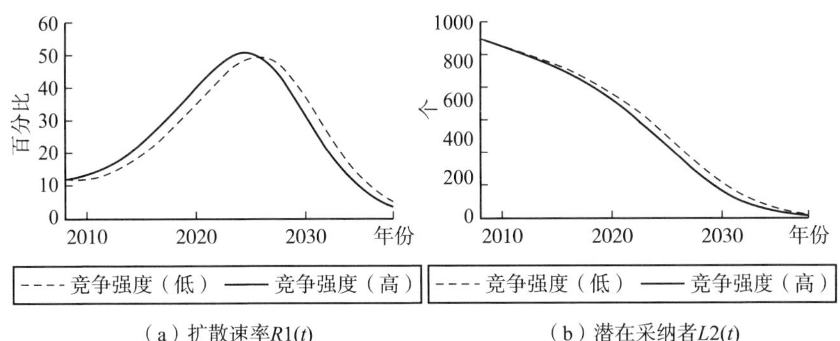

（a）扩散速率$R1(t)$　（b）潜在采纳者$L2(t)$

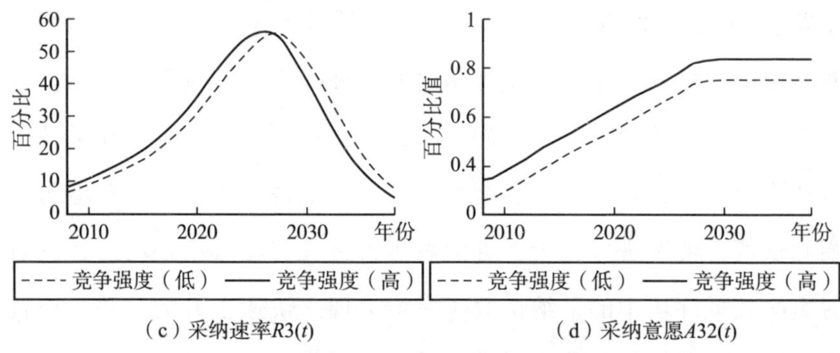

（c）采纳速率$R3(t)$　　（d）采纳意愿$A32(t)$

图 5－12　产业竞争强度变化模拟

从仿真结果可以看出，产业竞争强度对企业 RFID 技术采纳和扩散都有较大影响。将产业竞争强度高和低两种情况进行比较，可以看出：首先，在采纳过程中，竞争强度越高，企业采纳 RFID 技术的意愿越强烈。而在扩散过程中，扩散曲线呈现出先上升后下降的趋势，竞争强度越低产业 RFID 技术扩散得越慢。其次，采纳扩散速率曲线在两种竞争强度情境下趋势一致，且产业竞争强度仅影响峰值出现的时间，并不影响峰值大小。

5.3.2　技术水平调控模拟

RFID 的技术水平受到技术复杂性、技术成熟度及技术兼容性等多方面的影响，敏感性分析下将“技术水平”变量系数提升至原本的 1.5 倍，观测扩散速率、采纳意愿、采纳者及反对者这几个重要变量的行为发展趋势。

模拟结果如图 5－13 所示，从模拟结果的趋势来看，加大对技术水平的支持力度之后，在多种政策措施的推动下，采纳意愿有着明显的提升作用，扩散速率较之前有了更大的增长率，RFID 技术应用范围逐渐扩大；同时，在扩散速率增强的情况下，口碑传播中采纳者影响力不断上升，反对者数量及其影响力相应弱化；另外，技术水平的提高在扩散前期对 RFID 技术采纳者数量的影响并不明显，但随着时间的推移，到扩散中期，采纳者对技术水平的关注度明显提升。

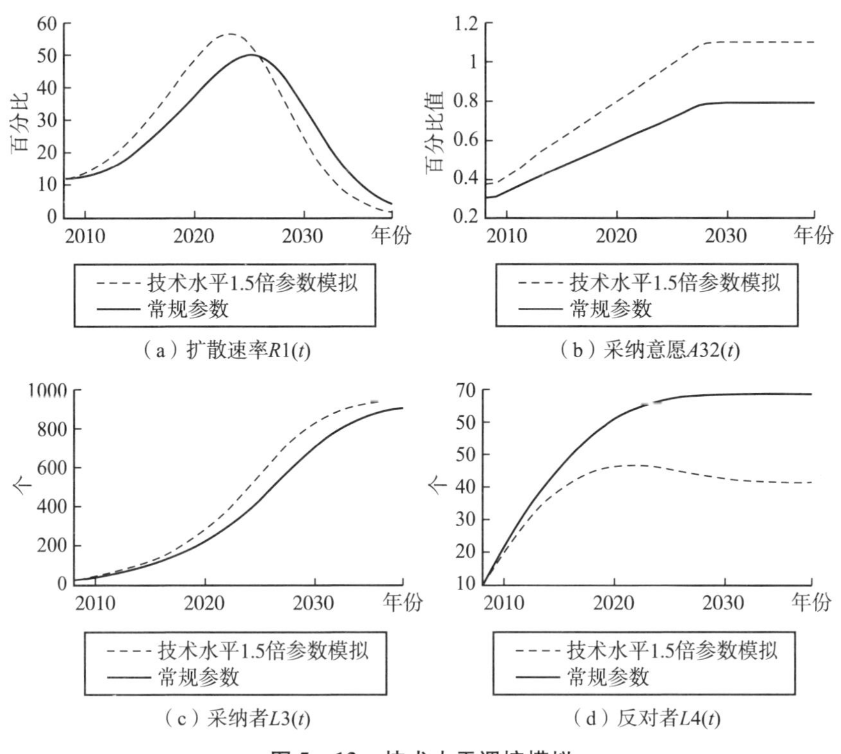

图 5－13 技术水平调控模拟

5.3.3 口碑传播影响力调控模拟

口碑传播影响力是影响企业 RFID 采纳扩散效果的重要因素，企业决策的谨慎性使得企业在采纳一项新技术时更愿意相信已采纳成员的口碑。口碑传播影响力包括已采纳者影响力和反对者影响力两部分，本书模拟政府调控行为，通过加大政府补贴和建立技术扩散发展平台，控制口碑传播中负面消息传播效应，导致已采纳者影响力上升、反对者影响力下降。将“已采纳者影响力”变量系数提升至原本的 1.5 倍，“反对者影响力”变量系数降低至原本的 0.5 倍，观测扩散速率、采纳意愿、采纳者及反对者这几个重要变量的行为发展趋势。

模拟结果如图 5 – 14 所示，从模拟结果的趋势来看，加大政府补贴和建立技术扩散发展平台都对企业 RFID 技术采纳概率和扩散效率有显著的增强作用，在反对者数量抑制方面也有着促进作用。采纳扩散的促进作用与反对效应的抑制作用往往密不可分，相互影响，通过政府宏观调控手段强化已采纳者影响力同时，也弱化了反对者影响效力，从而降低反对者数量的增长率。从另一个方面来说，抑制反对者的增长是促进企业 RFID 采纳扩散的有效途径。

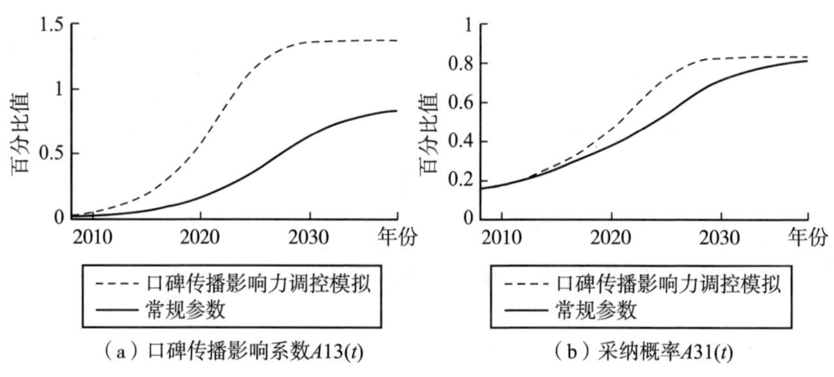

（a）口碑传播影响系数$A13(t)$　　（b）采纳概率$A31(t)$

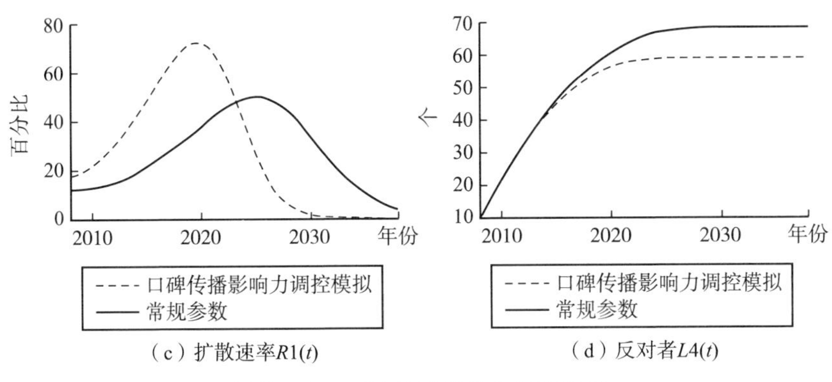

（c）扩散速率$R1(t)$　　（d）反对者$L4(t)$

图 5－14　口碑传播影响力调控模拟

5.4　本 章 小 结

本章对基于系统动力学的 RFID 技术采纳扩散机理模型进行了仿真研究，首先在上一章 RFID 技术采纳扩散机理模型的基础之上，构建了系统动力学模型的方程，内容主要包括明确模型方程的种类、模型参数估计方法分析、方程所需权重赋值、模型主要参数估计、模型方程构建等五个方面。其次在模型方程设置完毕的基础上，对 RFID 技术采纳扩散机理模型进行了模型检验和仿真分析。最后基于仿真结果总结出了一些重要结论与规律。

第6章 企业RFID采纳扩散推进策略

从第5章的仿真分析结果可知，如果RFID技术实现了有效的采纳扩散，其经济效益和社会效益是巨大的。但当前我国RFID采纳扩散过程中存在着技术创新和传播上的难题，技术成熟度、兼容性及准确度等还未达到完全取代条形码的技术优势，技术标准体系还未完全建立，RFID技术传播的范围和速率还有待提升，意见领袖及反对者仍影响着技术的传播效果。除此之外，RFID采纳扩散政策环境还未完全建立，其支撑效果还有待进一步优化。为了提高企业RFID采纳意愿及RFID技术信息传播效果，促进RFID在大范围内的快速采纳和扩散，本章将从优化RFID采纳扩散支撑环境、健全RFID技术创新机制和完善RFID技术传播机制三个方面，提出企业RFID采纳扩散的推进策略。

6.1 优化RFID采纳扩散支撑环境

政策环境和产业环境是推动企业RFID采纳扩散的软支撑，具体

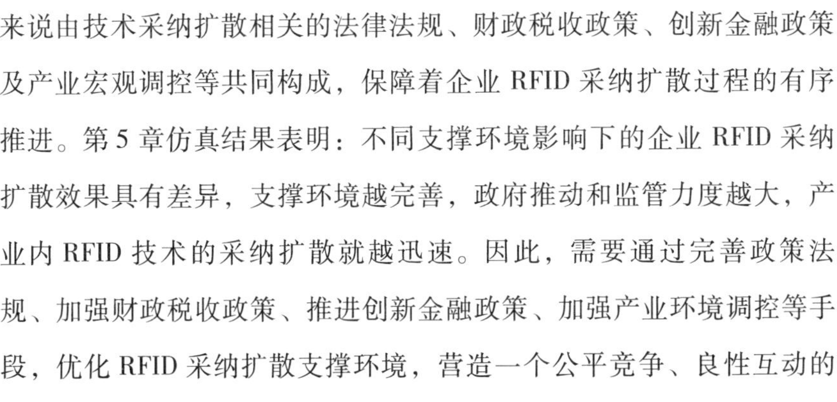

来说由技术采纳扩散相关的法律法规、财政税收政策、创新金融政策及产业宏观调控等共同构成，保障着企业 RFID 采纳扩散过程的有序推进。第 5 章仿真结果表明：不同支撑环境影响下的企业 RFID 采纳扩散效果具有差异，支撑环境越完善，政府推动和监管力度越大，产业内 RFID 技术的采纳扩散就越迅速。因此，需要通过完善政策法规、加强财政税收政策、推进创新金融政策、加强产业环境调控等手段，优化 RFID 采纳扩散支撑环境，营造一个公平竞争、良性互动的外部环境氛围。

6.1.1　完善政策法规

政策法规作为政策环境的重要组成部分，其行为具有强制力。政府的支持意向强烈，推动力度大，往往可以使这项技术迅速地在社会范围内扩散开来，并促进一系列的应用创新及价值创造。因此，为了充分发挥政府在技术采纳扩散中的政策支持作用，应完善 RFID 采纳扩散相应政策法规，保障采纳扩散过程向规范化、法制化发展。具体措施如下：

（1）完善促进 RFID 采纳扩散的法规。

为了保障 RFID 技术的科学采纳及合理扩散，政府应适时完善促进 RFID 采纳扩散的法规，以国家科技法律发展趋势为基础，借鉴国外立法成功经验，对现有 RFID 相关法规进行创新优化。促进法规应系统解决 RFID 采纳扩散中的各种法律问题，并对法规适用范围、立法原则、涉及主体的角色定位、政府的职能作用等问题进行精准界定。

（2）健全配套政策法规体系。

法规为促进 RFID 采纳扩散构建了合理的法律框架，在此基础上，政府需要制定与之配套的政策法规体系，以规范行业发展，保护创新成果不受侵害，如专利法、商标法、著作权法、合同法、侵权责任法、反不正当竞争法等，为市场提供一个以合作为基础的公平竞争环境，并进一步推进 RFID 采纳扩散过程的有序进行。

（3）加强监管政策。

为了保障 RFID 采纳扩散促进法规及相关配套法规的有效执行，政府应严格监控相关政策法规落实，加强监管政策的制定及采纳扩散主体社会信用评价体系的构建，对违法犯罪、扰乱政策执行的行为予以严厉处罚，以此形成良好的行业道德风尚，促进 RFID 采纳扩散的良性循环。

6.1.2 加强财政税收政策

财政税收调控是对采纳 RFID 技术的企业税负给予折扣力度的调节，是降低企业采纳成本的重要手段之一，加强财政税收政策有利于促进企业采纳意愿的增强。因此，为了充分发挥政府在技术采纳扩散中的财政补贴作用，加强政府财政税收政策，具体措施如下：

（1）完善财政补贴政策。

与传统条形码技术相比，RFID 技术在降本增效等方面的优越性不会立即在采纳的企业中体现出来，但采纳 RFID 技术需要耗费较条形码数倍的资金和较长的时间，这样会打击企业的积极性。因此，政府应充分利用财政补贴政策，降低企业的畏难情绪，有效调控 RFID 技术的采纳扩散。且财政补贴政策需要根据技术扩散的不同程度制定

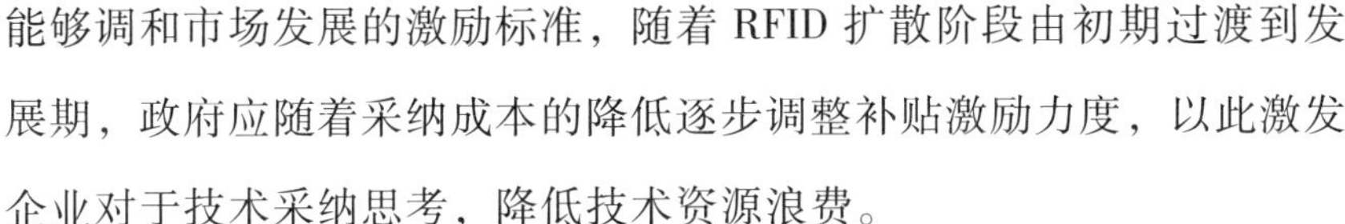

能够调和市场发展的激励标准，随着RFID扩散阶段由初期过渡到发展期，政府应随着采纳成本的降低逐步调整补贴激励力度，以此激发企业对于技术采纳思考，降低技术资源浪费。

（2）调节税收政策。

在税收政策方面，应贯彻落实现有RFID相关的各项税收优惠和价格政策，并在此基础上完善相关税收政策，对不符合技术规范、环保要求、能源要求的企业征收一定税率的惩罚性税收，通过经济杠杆、法规政策及行政手段的相互配合，在激励企业采纳RFID技术的同时，也约束并调节着RFID技术扩散的范围，促进企业间的竞争向良性循环发展。

（3）加大财政支持。

企业RFID采纳扩散具有明显的外部效应，为促进企业对RFID的采纳，政府应在调节财政补贴及税收政策的同时，在财政预算中加大对RFID研发、采纳、扩散等方面的支持力度，以此提升企业的积极性和参与度，并进一步促进RFID技术在短时间内的有效扩散。

6.1.3 推进创新金融政策

前期，企业RFID采纳扩散经费绝大部分来自政府的资金投入，但随着RFID采纳扩散阶段的转变，政府参与模式也由主导型变成了合作型。为了适应RFID在我国的扩散规律，推进创新金融政策，以此丰富企业RFID采纳扩散的经费来源。具体措施如下：

（1）完善投融资扶持政策。

为了缓解中小企业融资困难的问题，政府在对企业RFID采纳进行资金投入和财政补贴的同时，应积极调动各方资源，构建多元化的技术采纳扩散融资体系。拓宽直接/间接融资渠道，鼓励大额存单、可转换票据、集合债券等融资形式，引导更多社会资金投向中小企业。

（2）推进风险补偿政策。

风险补偿政策是指为了鼓励中小企业进行 RFID 采纳扩散，提供必要的融资担保、风险补偿等方面的政策。风险补偿政策的前提是风险的存在，因此政府应建立相应的风险评估体系，对企业进行风险审核及评估，并出台更多种类的、差异化的风险补偿政策，使不同性质、不同规模、不同领域内具有资金需求的企业都能有更多机会获得相应的风险补偿。

（3）加强信用担保体系建设。

信用担保体系的核心是建立适应全国或全球范围内的信用机制，对此政府应加强金融中介机构、商业银行与企业之间的紧密合作，对采纳该技术的企业进行信用及风险评估，为其提供融资及风险担保等业务。鼓励融资性担保机构申请补助资金，以此推动信用担保体系的有效建立。

6.1.4 加强产业环境调控

目前，我国 RFID 技术处于快速扩散时期，产业内采纳 RFID 的企业规模不一，性质不同，产业内垄断程度体现了企业间的竞争强度。第 5 章仿真结果表明：除政府支持度外，产业竞争强度也是影响企业 RFID 采纳扩散的外部环境重要因素。适度的竞争压力将有效推动企业 RFID 采纳扩散速率，提升企业采纳意愿，竞争性过低（如行业垄断情况）则会严重抑制技术的扩散。因此，需要通过推动产业资源整合、加强产业环境监管、打破行业垄断等手段，将产业竞争强

度维持在适宜水平。具体措施如下：

（1）推动产业资源整合。

在企业RFID技术应用过程中，产业内资源整合一方面可以降低垄断出现概率，另一方面还能提升RFID应用价值。RFID技术的价值不仅体现在企业内部盈利的增加，还包括与供应链上企业合作效率的提升、物流及信息流传递流畅度的提升等。因此，政府作为重要的参与主体及有力推动者，需要站在宏观角度对产业内关联企业资源进行整合，发挥宏观调控作用。

（2）加强产业环境监管。

政府应保障RFID采纳扩散促进法规及相关配套法规的有效执行，严格监控产业内垄断程度，对扰乱市场竞争、干扰政策执行的行为予以严厉处罚，打造一个竞争与合作并存、竞争压力适宜的产业环境，实现产业内RFID企业协同创新、快速发展，促进RFID采纳扩散的良性循环。

（3）打破行业垄断。

行业垄断的出现将降低企业竞争性，龙头企业为维护自身利益，会不断打压中小企业并掠夺资源，造成产业内资源的严重倾斜，不利于企业间的竞争性和创新性。因此，需要政府对产业或行业市场进行有效监督，在出现行业垄断情况时及时调控，避免行业垄断的形成。

6.2 健全RFID技术创新机制

企业选择采纳RFID技术还是传统的条形码技术，抑或是直接沿用传统的人工方式来处理信息，必须分析各项技术之间的优劣，而 RFID 技术创新机制是提升 RFID 技术优势的重要保障。第 5 章仿真结果表明：目前我国 RFID 市场扩散速率将由上升趋势转为回落趋势，几年后采纳者的攀升速度将呈现出逐渐缓慢的状态。而技术水平的提高则可以有效提升扩散速率峰值，在扩散中后期缓解技术扩散疲态，扩大 RFID 技术优势对企业 RFID 采纳扩散的推动作用。本书认为，需要通过推进“政产学研”合作研发、完善技术及应用标准体系等手段，联合各方优势并形成资源互补，健全 RFID 技术创新机制，从而提升 RFID 技术优势。

6.2.1 推进“政产学研”合作研发

目前，我国 RFID 还存在读取准确率有待进一步提高等问题，虽然 RFID 标签、读写器及软件成本不断下降，但已贴近制造成本的售价仍比不过条形码的成本优势，长此以往，RFID 设备制造商将面临极大的市场压力。为了应对这一压力，需要联合大学及科研院所的人才优势、企业的市场优势、政府的资金及政策优势，形成“政产学研”合作研发的资源互补平台，以此提升 RFID 技术技术水平及创新能力。具体措施如下：

（1）提升政府、企业及科研院所的参与度和联动性。

根据 RFID 技术研发现状及发展优势，鼓励具有研发能力的企业加入合作研发组织中，有效整合企业、政府、国内外高校及科研院所在技术研发方面的资源优势，以此提高 RFID 的读取准确率和技术成熟度，并进一步推动 RFID 技术优势积累。

（2）重视企业在技术试点方面的作用。

技术及相关创新成果在投入实际使用之前，有必要在企业内部进行试点及结果反馈。根据试点反馈结果能及时发现错误，对技术复杂性较高和兼容性不足等问题进行优化，以此降低 RFID 技术复杂度并提升 RFID 技术兼容性，使 RFID 技术实施与内化扩散过程更加顺畅，以实现更大的价值创造，同时也使整个系统的正向效益逐渐累加。

（3）增加 RFID 技术应用研发及扩散主体的经费投入。

“政产学研”合作研发改变了政府主导的资金投入模式，将研发及扩散经费分摊到企业，由企业与政府共同投入。一方面，企业增加了 RFID 技术的研发投入，加强了企业在 RFID 技术研究扩散中的积极性；另一方面，政府的资金投入也使得 RFID 扩散成本降低，企业能够更容易的进行技术采纳及扩散。

以“政产学研”合作研发主体协同创新扩散为重点，通过提升政府、企业及科研院所的参与度和联动性，重视政府在 RFID 技术研究中的支撑作用，增加 RFID 技术应用研发及扩散经费的共同投入，提升 RFID 技术研发及创新能力，有助于提高 RFID 的技术水平及扩散范围。

6.2.2　完善技术及应用标准体系

目前，RFID 技术及应用标准方面已经呈现出全球统一的大趋势，世界一些知名公司纷纷推出了大量标准，但这些标准互不兼容，主要表现在频段和数据格式上存在差异性，给 RFID 的大范围采纳扩散带来了困难。为了应对这一现状，需要政府、行业协会及企业共同协作，在我国 RFID 技术与应用标准化研究的现有基础上，进一步完善技术及应用标准体系，具体措施如下：

（1）补充完善技术及应用标准。

在全球 RFID 标准大方向下，政府应完善我国 RFID 技术及应用标准规范体系，鼓励有研究能力的企业、高校及科研院所等相关主体补充完善地方标准、行业标准、企业标准，着重解决标准之间的兼容问题，制定相关技术及应用指南和标准图集，为 RFID 技术创新及大规模应用提供标准支撑。

（2）促进 RFID 技术及应用标准扩散。

政府及行业协会应对标准规范进行筛查、试验并验证其性能，将适应性较好、成熟度较高、稳定性较强的标准规范及时推广开来，并将其申报为上级标准。为 RFID 产业链上的设计、生产、部署等机构提供全过程的标准参考依据，实现 RFID 技术水平的有效提升。

以完善技术及应用标准体系为目的，通过鼓励技术标准制定、推动技术标准扩散等手段，完善在全球统一标准下我国 RFID 技术标准规范体系，补充地方、行业及企业标准，并对标准进行统一，提升标准体系在完整 RFID 产业链上的应用，有助于提高 RFID 成熟度及兼容性，降低 RFID 应用复杂度。

6.3 完善 RFID 技术传播机制

目前，RFID 技术的信息传播模式主要分为间接传播和多级传播，间接传播是指通过技术中介机构向潜在采纳者传递技术信息，而多级传播则是由已采纳企业向潜在采纳者传递技术信息。这两种

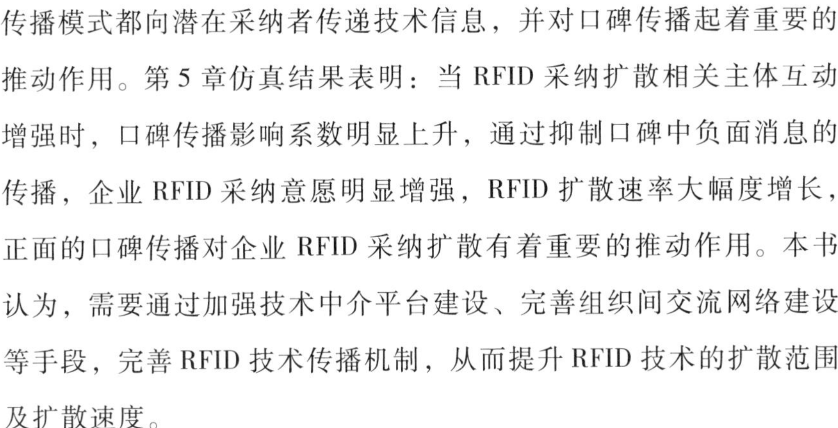

传播模式都向潜在采纳者传递技术信息，并对口碑传播起着重要的推动作用。第5章仿真结果表明：当RFID采纳扩散相关主体互动增强时，口碑传播影响系数明显上升，通过抑制口碑中负面消息的传播，企业RFID采纳意愿明显增强，RFID扩散速率大幅度增长，正面的口碑传播对企业RFID采纳扩散有着重要的推动作用。本书认为，需要通过加强技术中介平台建设、完善组织间交流网络建设等手段，完善RFID技术传播机制，从而提升RFID技术的扩散范围及扩散速度。

6.3.1　加强技术中介平台建设

技术中介平台是介于技术供应方和潜在采纳者之间，为潜在采纳者提供技术扩散相关专业化服务的平台，主要包括技术产权交易机构、情报信息机构及咨询机构等多种技术中介机构。技术中介平台是RFID技术中介机构之间完善各自服务功能、提升机构合作深度的载体，通过加强技术中介平台建设可有效提升RFID技术在产业内传播的广度。具体措施如下：

（1）构建多元化平台服务机制。

服务机制是技术中介平台构建并维持运行的主要动因，为了有效整合RFID相关资源，技术中介平台应以技术扩散和创新成果转换为中心，引入不同服务类型的技术中介机构，形成可为RFID扩散提供信息服务、技术咨询及技术培训等多种服务的多元化平台服务机制。

（2）加强多元化平台服务机制下中介机构间的耦合。

在多元化平台服务机制下，技术中介机构传统的单向线性服务模式已无法满足服务对象的复合性需求，技术中介平台应强调技术中介机构之间的耦合关系，将单项线性的服务模式转变为交叉复合的服务模式，为服务对象提供高度衔接的整体化服务。

（3）推动潜在采纳者与技术中介平台的对接。

由于技术扩散的复杂性和不确定性，技术中介平台的服务价值难以在短时间内体现出来。因此，政府应支持并引导潜在采纳者与技术平台的对接，采取自愿合作态度，在确定潜在采纳者需求的基础上，为潜在采纳者提供具有针对性的平台服务。

目前，服务于 RFID 的技术中介平台数量不多且各个平台间资源分配难以均衡，部分技术中介机构未被挖掘和利用，严重影响了 RFID 技术的扩散效果。因此，应围绕加强技术中介平台建设这一主题，通过构建多元化平台服务机制、加强多元化服务机制下中介机构间的耦合等手段，扩大 RFID 技术的传播范围。

6.3.2 完善组织间交流网络

目前，RFID 采纳扩散组织间交流网络被认为主要由 RFID 的采纳者与等待采纳者构成，但结合实际情况，反对者也是其中不可忽略的行为主体，负面效应大多来自于此。因此，产业内大多数企业对于 RFID 技术采纳仍在观望或试运行阶段，交流网络中缺乏对成功采纳企业更为深入的应用信息，等待采纳的企业对 RFID 技术采纳信心不足。在这样的情况下，为了对组织间交流网络进行有效管理，具体措施如下：

（1）扩充组织间交流网络的构成主体。

应主动邀请政府、行业协会以及供应商加入交流网络之中，承担

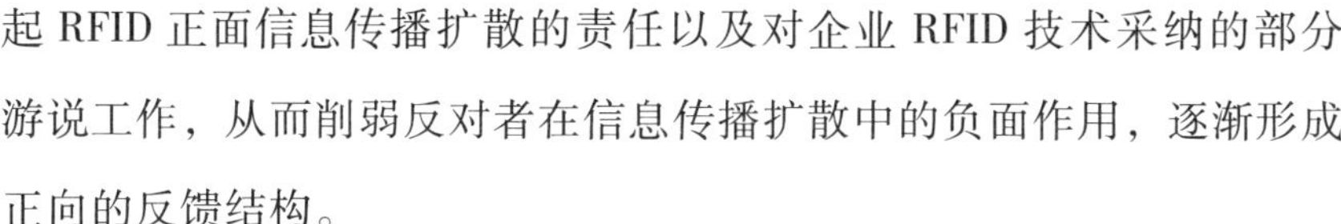

起 RFID 正面信息传播扩散的责任以及对企业 RFID 技术采纳的部分游说工作，从而削弱反对者在信息传播扩散中的负面作用，逐渐形成正向的反馈结构。

（2）培养组织间交流网络的意见领袖。

在交流网络的运作过程中，部分成员会表现出超越普通成员的凝聚力和号召力，我们称之为意见领袖。对被识别为意见领袖的成员，政府应对其从扩散信息的内容和形式上加以约束，改善意见领袖的信息推荐效果，培养并维护意见领袖与普通成员之间的关系，强化成员对意见领袖及交流网络的信任，增强技术信息扩散效果。

（3）推动良好口碑传播。

在技术扩散过程中，良好的曝光率、有效的口碑和足够的广告宣传对企业管理层采纳 RFID 技术起着决定性的作用。因此，政府不仅需要宣传推广一部分 RFID 成功应用案例，还应对这些案例企业进行长期追踪和信息公布，以大众传媒的方式定期向外界进行信息脉冲，从而强化采纳者在交流网络中的正向作用。

（4）引导不良口碑发酵。

在负面消息传播的过程中，政府及行业协会应做出有效应对，及时引导权威度较高的企业发声，并公布事件的真实情况与处理进展信息，阻止负面消息的传播和发酵，进而从降低反对者公信力的角度延缓反对者群体的增长趋势。

以完善组织间交流网络建设为中心，通过增加交流网络构成主体、培养组织间交流网络的意见领袖、推动良好口碑传播、引导不良口碑发酵等手段，完善 RFID 技术传播机制，推动 RFID 技术信息及创新成果在产业内充分迅速扩散，有助于提升 RFID 扩散应用的经济社会效应。

6.4 本章小结

本章在分析第5章研究结论的基础上，借鉴国内外 RFID 采纳扩散的经验与启示，立足于我国 RFID 采纳扩散现状及问题，从影响企业 RFID 采纳扩散的关键因子出发，以企业 RFID 采纳扩散系统动力学模型及情景仿真模拟结果为依据，以技术创新、传播及支撑环境三个方面为切入点，从优化 RFID 采纳扩散支撑环境、健全 RFID 技术创新机制和完善 RFID 技术传播机制三个方面提出了推动企业 RFID 采纳扩散的策略。

第 7 章 总结与展望

7.1 总　　结

物联网的出现为实现全球范围内物品的识别、定位、跟踪、监控和管理提供了崭新的手段。RFID 技术作为物联网感知层的重要使能技术，已成为企业创新发展、转型升级的重要选择。目前，我国企业的 RFID 采纳率和应用效果远低于发达国家，在企业采纳、应用及产业扩散等方面还存在诸多现实问题。为了促进物联网环境下的企业 RFID 采纳扩散，本书通过文献分析、实践调查、数学建模及仿真实验等手段，对企业 RFID 采纳扩散规律、影响因素及推进策略问题进行了研究，具体研究内容与结论如下：

（1）在分析 RFID 技术采纳扩散现状及应用领域的基础上，对 RFID 技术采纳扩散全过程进行了研究，包括 RFID 技术采纳扩散影响因素、行为机理以及采纳扩散过程中的阶段划分。本书通过文献研究，从信息扩散及技术采纳两个阶段对 RFID 技术采纳扩散系统影响因素进行了分析，研究表明技术成熟度、组织信息能力、政府支持度、大众传媒影响系数等是 RFID 技术采纳扩散系统的关键影响因素。

（2）在分析系统内影响因素对四个直接主体作用路径的基础上，构建了 RFID 技术采纳扩散系统流率基本入树模型，对各流率基本入树进行嵌运算，以此获得 RFID 技术采纳扩散系统流图。以 2008 年为仿真元年，预测至 2038 年时间周期内 RFID 技术采纳扩散市场的发展水平，实证检验了反对者影响、产业竞争强度及组织充分性对 RFID 技术采纳扩散的作用情况，仿真结果表明：反对者影响较低环境中 RFID 技术更早出现大规模全方位的应用推广，且这一阶段出现时间要比反对者影响较高环境早 5 年左右；产业内企业竞争强度越高，企业采纳 RFID 技术的意愿越强烈，RFID 技术扩散的就越快；技术水平的提高对采纳意愿、扩散速率都有较大的推动作用，但在扩散前期影响并不明显，随着时间的推移，到扩散中期，采纳者对技术水平的关注度明显提升。

（3）借鉴国内外创新技术扩散的经验与启示，在分析 RFID 采纳扩散系统动力学模型仿真结果的基础上，立足我国 RFID 技术采纳扩散现状，提出企业 RFID 采纳扩散的推进策略，主要包括完善政策法规、加强财政税收政策以及推进创新金融政策、加强产业环境监控、推进“政产学研”合作研究、完善技术及应用标准体系、加强技术中介平台建设、完善组织间交流网络等。

7.2　研究不足及展望

本书研究仍存在一定的不足和局限性：

（1）在模型构建的过程中，为了保证数据的可获得性，将 RFID

技术采纳扩散机理模型进行了简化处理，忽略了部分次要因素和难以量化的因素，使模型的完整性受到了一定影响。后续可从难以量化的关键因素着手，利用系统动力学解决非线性问题的优势，建立更加完善的 RFID 技术采纳扩散系统。

（2）鉴于 RFID 技术采纳扩散相关数据难以获取，在模型参数的估计方面大多采用了专家打分、案例研究及数据期间合理估值等方法获得，使模型的准确性受到了一定影响，但模型的运行趋势和演变规律不受影响。因此，可对行业数据进行进一步调研，构建更加精确的模型。

（3）关于 RFID 技术采纳的研究，本书将着眼点关注于企业 RFID 首次采纳过程，但企业对 RFID 技术还存在后续采纳等情况，因此，可对 RFID 技术后续采纳的影响因素及作用机理进行研究并对比分析首次和后续采纳的差异。

附录1　企业RFID采纳扩散系统影响因素权重确定调查

亲爱的先生/女士：

您好！您已被确定为参与南昌航空大学正在进行的射频识别（RFID）技术采纳扩散调查的关键人物，您的参与对于这项研究至关重要。本问卷旨在对企业RFID采纳扩散过程影响因素的权重进行量化测评（采纳是指贵企业决定购买RFID系统或使用RFID技术，扩散是指RFID技术经由一定渠道在产业内进行传播）。

得知您对于RFID采纳扩散或企业信息化拥有相对较高的了解，特在此诚挚地邀请您抽出宝贵的时间填写下表。请您按照真实情况认真作答，您回答的真实性对研究的准确性十分重要，谢谢您的支持！

问卷说明

背景介绍：RFID是一种非接触式自动识别技术，由标签（应答器）、阅读器（收发器）和天线三部分组成。作为物联网的重要使能技术之一，RFID技术的采纳扩散有利于提高企业管理水平和技术水平，并推进企业的智能化转型和升级。但是由于RFID技术读取率及成本等问题，我国RFID技术采纳率还远低于RFID技术应用较为成熟的国家。

研究目标：本研究的目的是试图对企业 RFID 采纳扩散过程影响因素的权重进行量化测评。

好处：结果总结将提供给每个完成调查问卷的人。

保密问题：调查问卷采用匿名调查方式，问卷所收集到的全部数据仅用于学术研究，并且研究仅只数据进行汇总分析，数据汇总和录入过程严格保密，不会对任何一份问卷做单独分析。

参与者权利：您参与本研究是自愿的，您有权在任何时候停止这项调查。如果您同意参加上述研究项目，请填写下面的调查问卷。

非常感谢您的参与，也十分感谢您对于本研究的支持和帮助！

1.1　RFID 采纳扩散基础知识

RFID 作为物联网的重要使能技术之一，在推进企业智能化转型和升级方面扮演着重要的角色。由于它能够对企业生产运营的各个环节所需物品进行识别和追踪的特性，RFID 技术的应用及扩散将有利于提高企业技术水平以及管理水平。因此，企业有必要了解采纳 RFID 技术，并促使该技术在产业层面进行扩散。RFID 技术的采纳扩散过程分为两个扩散渠道和四个采纳扩散主体，以下是对相关概念的解释说明。

1. 两大渠道

大众传媒是以广告或互联网为媒介，通过一种规律的方式定期地向潜在采纳者传播技术信息。

口碑传播则是以交流对象为媒介，通过口碑的形式传播着技术信息与主观评价。经过这两种渠道的信息传播，潜在采纳者会对 RFID

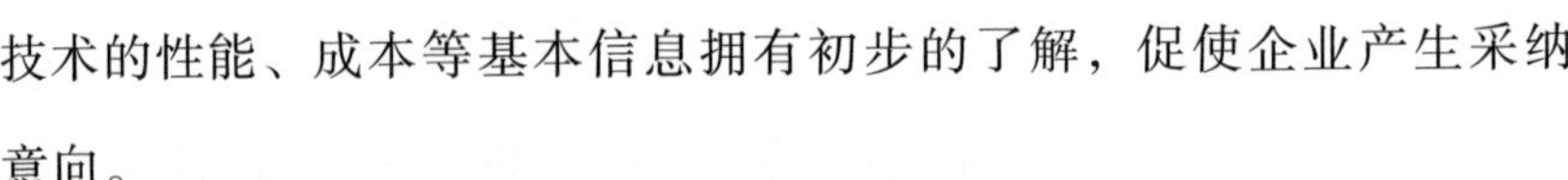

技术的性能、成本等基本信息拥有初步的了解，促使企业产生采纳意向。

2. 四大主体

潜在采纳者是指系统内对 RFID 技术存在需求，有采纳的可能但并未获取 RFID 技术信息的企业。

等待采纳者是指已经获取 RFID 技术信息并产生初始采纳意愿的企业，它们拥有采纳意愿但暂时仍处于观望阶段。这类主体既反映着可能采纳 RFID 技术的群体数量，也反映着 RFID 技术信息扩散的程度。

采纳者是指经过采纳综合评估后采纳了 RFID 技术的企业，它们通过口碑传播技术相关信息，以此影响其他潜在采纳者的态度或行为，继而推动企业 RFID 技术在整个产业层面的采纳和扩散。

反对者是指对 RFID 技术持反对和抵抗态度的企业，这类主体全程参与 RFID 技术的采纳和扩散过程，不仅抑制着 RFID 技术的采纳，也延缓和削弱着 RFID 技术的扩散。

1.2 RFID 采纳扩散影响因素重要程度判断

以下是对企业 RFID 采纳扩散的一级、二级和三级影响因素进行重要程度的量化测评。请根据您的感受以及行业或专业知识回答下面的问题，按照标度说明对因素相对重要程度打分。首先，在较重要的因素处选填出您认为较重要的因素（选择 A 或 B 其中一个因素）；其次，在 1 ~5 的范围内（1：重要程度一致，2：稍微重要，3：明显重要，4：强烈重要，5：极端重要）选择您认为该因素的重要程度。

一级因素重要程度评价

1. RFID采纳扩散系统影响因素测评［矩阵量表题］

两两比较判断的因素		较重要的因素	重要程度一致	稍微重要	明显重要	强烈重要	极端重要
A 潜在采纳者	B 等待采纳者		○	○	○	○	○
A 潜在采纳者	B 采纳者		○	○	○	○	○
A 潜在采纳者	B 反对者		○	○	○	○	○
A 等待采纳者	B 采纳者		○	○	○	○	○
A 等待采纳者	B 反对者		○	○	○	○	○
A 采纳者	B 反对者		○	○	○	○	○

注：本题涉及四个主体，请对比分析这四个主体的重要程度。

二级因素重要程度评价

2. 潜在采纳者子系统影响因素测评［矩阵量表题］

两两比较判断的因素	较重要的因素	重要程度一致	稍微重要	明显重要	强烈重要	极端重要
A 等待采纳者影响因子 B 反对者影响因子		○	○	○	○	○

注：①等待采纳者影响因子——指等待采纳者对潜在采纳者的影响程度。等待采纳者越多，说明RFID技术信息扩散范围越广，潜在采纳者就会越少。

②反对者影响因子——指反对者对潜在采纳者的影响程度。反对者越多，对RFID技术采纳扩散阻力越大，撤销采纳的企业会重新回归到潜在采纳者的状态，潜在采纳者就会增加。

3. 等待采纳者子系统影响因素测评［矩阵量表题］

两两比较判断的因素	较重要的因素	重要程度一致	稍微重要	明显重要	强烈重要	极端重要
A 大众传媒影响系数 B 口碑传播影响系数		○	○	○	○	○

注：本题涉及两个传播渠道，请对比分析这两个传播渠道对 RFID 技术扩散（信息传播）的影响程度。

4. 采纳者子系统影响因素测评［矩阵量表题］

两两比较判断的因素	较重要的因素	重要程度一致	稍微重要	明显重要	强烈重要	极端重要
A RFID 技术水平　B 组织充分性		○	○	○	○	○
A RFID 技术水平　B 环境影响力		○	○	○	○	○
A 组织充分性　　B 环境影响力		○	○	○	○	○

5. 反对者子系统影响因素测评［矩阵量表题］

两两比较判断的因素	较重要的因素	重要程度一致	稍微重要	明显重要	强烈重要	极端重要
A 内在因子　　B 社会感染因子		○	○	○	○	○

注：①内在因子——主要指 RFID 自身特性（技术水平）对反对者数量的影响。技术水平不足，导致企业对 RFID 技术产生怀疑，反对者增加。

②社会感染因子——主要指外部环境（其余反对者）对反对者数量的影响。反对者数量增加，反对者对采纳扩散阻力增加，导致反对者数量增加。

三级因素重要程度评价

6. 技术水平二级子系统影响因素测评［矩阵量表题］

两两比较判断的因素		较重要的因素	重要程度一致	稍微重要	明显重要	强烈重要	极端重要
A 技术成熟度	B 技术复杂性		○	○	○	○	○
A 技术成熟度	B 成本		○	○	○	○	○
A 技术成熟度	B 技术兼容性		○	○	○	○	○
A 成本	B 技术复杂性		○	○	○	○	○
A 成本	B 技术兼容性		○	○	○	○	○
A 技术复杂性	B 技术兼容性		○	○	○	○	○

注：①技术成熟度——是指潜在采纳者认为 RFID 的读取能力、数据质量等特性的发展和可用程度。

②技术复杂性——是指潜在采纳者认为理解和使用 RFID 的难度。

③技术兼容性——是指潜在采纳者认为 RFID 与企业的业务流程、信息基础设施等的兼容性和匹配性。

三、个人信息

1. 请问您的年龄是？［单选题］

○20 岁以下　○20～29 岁　○30～39 岁　○40～49 岁

○50～59 岁　○60 岁及以上

2. 请问您的性别是？［单选题］

○男　○女

3. 请说明最能描述您职位的内容。［单选题］

○行业企业人士　○技术人员　○相关领域专家

○课题组成员

附录2　我国 RFID 行业监管体制、产业政策及法律法规

1. RFID 行业分类

根据中国证监会发布的《上市公司行业分类指引》（2012 年修订），RFID 行业隶属于“I65 软件和信息技术服务业”；根据国家统计局颁布的《国民经济行业分类》（GB/T 4754－2011），RFID 行业隶属于“I65 软件和信息技术服务业”；根据全国中小企业股份转让系统公司制定的《挂牌公司管理型行业分类指引》，RFID 行业隶属大类“I65 软件和信息技术服务业”中的子类“I6520 信息系统集成服务”；根据全国中小企业股份转让系统公司制定的《挂牌公司投资型行业分类指引》，RFID 行业隶属大类“17　信息技术”中的子类“17101111　物联网技术与服务”。

2. RFID 行业主管部门及监管体制

我国 RFID 行业的主管部门主要有工息部、科技部、国家发改委。

工信部的主要职责为：拟定实施行业规划、产业政策和标准，监测工业行业日常运行，推动重大技术装备发展和自主创新，管理通信业，指导推进信息化建设，协调维护国家信息安全等。

科技部的主要职责为：研究提出科技发展的宏观战略和科技促进

经济社会发展的方针、政策、法规，研究确定科技发展的重大布局和优先领域等。

国家发改委的主要职责为：负责相关产业政策的研究制定、行业的管理与规划等，拟定并组织实施国民经济和社会发展战略、中长期规划，统筹协调经济社会发展，推进经济结构战略性调整等。

RFID 行业的自律组织主要为中国自动识别技术协会，该协会主要职责为向政府有关部门提供自动识别技术和政策咨询，承担上级单位委托的各项工作和任务；经政府有关部门批准，研究、制定、发布协会的有关技术标准和规范，参与国家和国际标准化工作；开展国际、国内有关的学术、技术交流与合作，组织实施有关技术交流项目和专题活动；研究、制定、发布协会的有关技术标准和规范，参与国家和国际标准化工作；接受委托承担有关项目的论证，经政府有关部门批准，对自动识别技术的科研成果、产品、应用系统进行评审鉴定；推动科研成果产业化，为会员和相关行业提供技术转让和各种技术的咨询服务；经政府有关部门授权或根据市场和行业发展需要，举办自动识别技术展览会和研讨会，宣传和推动自动识别技术的广泛应用；开展自动识别技术的职业、专业教育和培训；依照有关规定，编辑出版发行专业期刊及年度报告等技术书籍与资料；对先进技术、产品进行广泛宣传，开展行业自律活动。

3. RFID 产业政策及法律法规

RFID 产业是物联网产业的重要组成部分，随着物联网产业的发展不断进步，为了促进国民经济更好的发展，从 2006 年开始，国务院、科技部、信息产业部、交通部、工信部、国家发改委等相继出台了诸多扶持和规范我国物联网产业健康、快速发展的国家政策和法律法规，为我国 RFID 产业发展提供了强有力的政策支持和良好的政策环境。

与 RFID 产业相关的政策及法律法规如附表 2 - 1 所示。

附表 2 - 1　　　　我国 RFID 产业相关政策及法律法规

时间	部门	政策名称	主要内容
2006 年	科技部等 15 个部委	《中国射频识别（RFID）技术政策白皮书》	阐述了 RFID 技术发展现状和趋势、中国发展 RFID 技术战略、中国 RFID 技术发展和优先应用领域、推进产业化战略与宏观环境建设等方面内容
	信息产业部	《信息产业科技发展“十一五”计划和 2020 年中长期规划（纲要）》	面向信息化建设和重大应用，进行业务和技术创新，带动核心技术与产品的研发，在下一代网络、宽带无线移动通信、数字电视、家庭网络、智能终端、汽车计算平台、无线射频识别（RFID）和传感网络、网络与信息安全、信息技术应用与数字内容等重点领域实现突破，形成一批具有自主知识产权的核心技术和创新产品，基本满足国内应用对技术与产品需求，形成较为完整的产业链
2007 年	信息产业部	《发布 800/900 MHz 频段射频识别（RFID）技术应用试行规定的通知》	推动 RFID 标准制定与产业发展，促进 RFID 技术在“国家金卡工程”建设中的试点应用
2008 年	“国家金卡工程”协调领导小组	《国家金卡工程（2008 - 2013 年）发展规划》	到 2013 年末，基于磁条卡、IC 卡和 RFID（射频识别）电子标签等介质的各类卡应用系统进一步普及；信息基础设施、政策体系与制度环境建设更趋完善；为“国家金卡工程”提供配套的信息与通信产业的自主创新能力与核心竞争力显著增强，拥有的自主标准、核心技术和知识产权日益增加，为“国家金卡工程”提供技术、产品、应用软件、整体解决方案和综合信息服务的能力及信息安全保障水平大幅提高；“国家金卡工程”建设带来的经济与社会效益更加显著，为进一步普惠大众及推进社会信息化进程奠定坚实的技术与物质基础

续表

时间	部门	政策名称	主要内容
2009年	交通部	《关于推动公路水路交通运输行业IC卡和RFID技术应用的指导意见》	加快制定交通运输行业IC卡和RFID技术应用标准，积极开展国家和行业标准的宣贯培训，加强标准应用管理，保障行业应用系统建设和管理的规范性和先进性 严格按照国家有关要求和安全技术标准，遵循国家或行业认可的密钥和编码管理体系，同时支持和鼓励优先采用具有我国自主知识产权的IC卡和RFID技术，确保应用安全 到“十二五”末期，通过政策引导、科技支撑，在电子政务、智能交通、现代物流等领域推广一批具有行业代表性的科技成果，建设一批示范应用系统，初步实现在重点领域和若干区域的一卡（标签）多用和一卡（标签）通用，制定一系列适应行业应用需求的标准规范，完善行业密钥服务和编码机制，初步建立面向行业的IC卡和RFID公共服务体系，提高行业信息自动采集能力，促进信息资源共享，增强运营和管理能力，提升公众服务效率和水平
2010年	国务院	《加快培育和发展战略性新兴产业的决定》	将物联网列入国家发展战略。提出加快建设宽带、泛在、融合、安全的信息网络基础设施，推动新一代移动通信、下一代互联网核心设备和智能终端的研发及产业化，加快推进三网融合，促进物联网、云计算的研发和示范应用 在物联网、节能环保服务、新能源应用、信息服务、新能源汽车推广等领域，支持企业大力发展有利于扩大市场需求的专业服务、增值服务等新业态。积极推行合同能源管理、现代废旧商品回收利用等新型商业模式
2011年	工信部	《关于加快推进信息化与工业化深度融合的若干意见》	把智能发展作为信息化与工业化融合长期努力的方向，推动云计算、物联网等新一代信息技术应用，促进工业产品、基础设施、关键装备、流程管理的智能化和制造资源与能力协同共享，推动产业链向高端跃升

续表

时间	部门	政策名称	主要内容
2012年	国家发改委	《2012 年物联网技术研发及产业化专项的通知》	结合国民经济和社会发展的重大需求，以重点领域的物联网应用示范为依托，着力突破制约我国物联网发展的关键核心技术，为物联网规模化发展提供有效的产业支撑；制定基础共性技术标准，完善物联网标准体系，着力解决我国物联网应用的互联互通问题；依托已有基础，建设公共服务平台，着力解决检测认证和标识管理问题；加强产业自主创新能力建设，着力培育发展一批物联网技术研发和产品设备制造优势企业 在交通、公共安全、农业、林业、环保、家居、医疗、工业生产、电力、物流等十个领域启动国家 RFID 应用示范工程
		《物联网“十二五”发展规划》	重点支持超高频和微波 RFID 标签、智能传感器、嵌入式软件的研发，支持位置感知技术、基于 MEMS 的传感器等关键设备的研制，推动二维码解码芯片研究 重点支持物联网系统架构等总体标准的研究，加快制定物联网标识和解析、应用接口、数据格式、信息安全、网络管理等基础共性标准，大力推进智能传感器、超高频和微波 RFID、传感器网络、M2M、服务支撑等关键技术标准的制定工作 重点发展与物联网感知功能密切相关的制造业。推动传感器/节点/网关、RFID、二维条码等核心制造业高端化发展，推动仪器仪表、嵌入式系统等配套产业能力的提升，推动微纳器件、集成电路、微能源、新材料等产业的发展和壮大
2013年	国家发改委	《组织开展 2014－2016 国家物联网重大应用示范工程区域试点工作的通知》	在工业、农业、节能环保、商贸流通、交通能源、公共安全、社会事业、城市管理、安全生产等领域扩大潜力大的物联网重大应用示范工程区域试点项目

续表

时间	部门	政策名称	主要内容
2013 年	国务院	《国务院关于推进物联网有序健康发展的指导意见》	以邓小平理论、“三个代表”重要思想、科学发展观为指导，加强统筹规划，围绕经济社会发展的实际需求，以市场为导向，以企业为主体，以突破关键技术为核心，以推动需求应用为抓手，以培育产业为重点，以保障安全为前提，营造发展环境，创新服务模式，强化标准规范，合理规划布局，加强资源共享，深化军民融合，打造具有国际竞争力的物联网产业体系，有序推进物联网持续健康发展，为促进经济社会可持续发展作出积极贡献
2014 年	工信部、财政部	《国家物联网发展及稀土产业补助资金管理办法》	国家提供物联网发展补助资金支持物联网技术创新和产业健康发展等方面
	工信部	《工业和信息化部办公厅关于印发〈工业和信息化部 2014 年物联网工作要点〉的通知》	鼓励物联网骨干企业通过承担债务、出资购买、控股等形式进行企业兼并，壮大物联网企业规模，提高产业集中度、在传感器、核心芯片、无线射频识别（RFID）、传感器网络、信息通信网、嵌入式软件、系统集成等领域打造一批品牌企业 提出物联网优秀企业评定办法，并组织实施。支持物联网骨干企业参与国际竞争，搭建物联网国际信息咨询平台，提出物联网信息咨询平台建设方案并进行搭建和试运行
	财政部	关于印发《物联网发展专项资金管理暂行办法》的通知	为了促进我国物联网健康发展，充分发挥财政资金的引导和扶持作用，规范物联网发展专项资金的管理
2015 年	国务院	《中国制造 2025》	支持包括 RFID 技术在内的新一代信息技术研发和产业化发展，推动 RFID 技术在制造业领域广泛深入应用
2016 年	国务院	《国民经济和社会发展第十三个五年规划纲要草案》	促进包括 RFID 在内的物联网技术在各领域的广泛应用

续表

时间	部门	政策名称	主要内容
2016年	工信部	《工业和信息化部关于印发信息通信行业发展规划（2016－2020年）的通知》	物联网正进入跨界融合、集成创新和规模化发展的新阶段，迎来重大的发展机遇。为推动物联网产业健康有序发展，制定信息通信业“十三五”规划物联网分册 通过 RFID 等技术对相关生产资料进行电子化标识，实现生产过程及供应链的智能化管理，利用传感器等技术加强生产状态信息的实时采集和数据分析，提升效率和质量，促进安全生产和节能减排。通过在产品中预置传感、定位、标识等能力，实现产品的远程维护，促进制造业服务化转型
2017年	国务院	《国务院关于印发新一代人工智能发展规划的通知》	大力推动智能化信息基础设施建设、攻克 RFID 等物联网核心技术
		《物联网“十三五”发展规划》	面向移动终端，重点支持适用于移动终端的人机交互、微型智能传感器、MEMS 传感器集成、超高频或微波 RFID、融合通信模组等技术研究 深化物联网在智慧城市领域的应用。推进物联网感知设施规划布局，结合市政设施、通信网络设施以及行业设施建设，同步部署视频采集终端、RFID 标签、多类条码、复合传感器节点等多种物联网感知设施，深化物联网在地下管网监测、消防设施管理、城市用电平衡管理、水资源管理、城市交通管理、电子政务、危化品管理和节能环保等重点领域的应用 通过 RFID 等技术对相关生产资料进行电子化标识，实现生产过程及供应链的智能化管理，利用传感器等技术加强生产状态信息的实时采集和数据分析，提升效率和质量，促进安全生产和节能减排
		《国务院办公厅关于进一步推进物流降本增效促进实体经济发展的意见》	鼓励企业自备载运工具的共管共用，提高企业自备载运工具的运用效率。大力推进物联网、无线射频识别（RFID）等信息技术在铁路物流服务中的应用

续表

时间	部门	政策名称	主要内容
2018年	工信部	《工业互联网发展行动计划（2018－2020年)》	初步建立工业互联网安全保障体系，建立健全安全管理制度机制，全面落实企业内网络安全主体责任，制定包括 RFID 在内的设备、平台、数据等至少 10 项相关安全标准，同步推进标识解析体系安全建设，显著提升安全态势感知和综合保障能力
	工信部、应急管理部、财政部、科技部	《四部委关于加快安全产业发展的指导意见》	在规范发展安全工程设计与监理、标准规范制定、检测与认证、评估与评价、事故分析与鉴定等传统安全服务基础上，积极发展安全管理与技术咨询、产品展览展示、教育培训与体验、应急演练演示等与国外存在较大差距的安全服务，重点发展基于物联网、大数据、人工智能等技术的智慧安全云服务
2020年	国家工信部	《工业和信息化部办公厅关于深入推进移动物联网全面发展的通知》	推进移动物联网应用发展。围绕产业数字化、治理智能化、生活智慧化三大方向推动移动物联网创新发展。产业数字化方面，深化移动物联网在工业制造、仓储物流、智慧农业、智慧医疗等领域应用，推动设备联网数据采集，提升生产效率。治埋智能化方面，以能源表计、消防烟感、公共设施管理、环保监测等领域为切入点，助力公共服务能力不断提升，增强城市韧性及应对突发事件能力。生活智慧化方面，推广移动物联网技术在智能家居、可穿戴设备、儿童及老人照看、宠物追踪等产品中的应用

资料来源：根据互联网公开信息整理而成。

附录3　我国 RFID 相关标准

在经济全球化背景下，“技术专利化、专利标准化、标准国际化”已成为市场竞争的重要特征，发达国家往往通过控制国际标准的制定来抢占发展的制高点。为了推动我国 RFID 技术研发、应用及产业化发展进程，在国家相关政策支持以及电子设备用高频电缆及连接器委员会（委员会编号：TC190）、射频电缆委员会（委员会编号：TC190/SC2）、微波无源元件委员会（委员会编号：TC190/SC1）、自动识别与数据采集技术委员会（委员会编号：TC28/SC31）、工业、科学和医疗射频设备委员会（委员会编号：TC79/SC2）等技术委员会的努力下，我国在 RFID 国家标准（见附表 3 – 1）、行业标准（见附表 3 – 2）、地方标准（见附表 3 – 3）、团体标准（见附表 3 – 4）、企业标准（见附表 3 – 5）等方面均取得了一系列成果。本书收集汇总了全国标准信息公共服务平台上发布的与 RFID 相关的标准，数据截止日期为 2021 年 4 月。

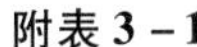

附表 3 - 1　　RFID 国家标准

标准号	标准中文名称	发布日期	实施日期	标准状态
GB/T 35660. 2 - 2017	信息与文献　图书馆射频识别（RFID）第 2 部分：基于 ISO/IEC 15962 规则的 RFID 数据元素编码	2017 - 12 - 29	2018 - 07 - 01	现行
GB/T 35412 - 2017	托盘共用系统电子标签（RFID）应用规范	2017 - 12 - 29	2018 - 07 - 01	现行
GB/T 37886 - 2019	气瓶射频识别（RFID）读写设备技术规范	2019 - 08 - 30	2020 - 03 - 01	现行
GB/T 37026 - 2018	服装商品编码与射频识别（RFID）标签规范	2018 - 12 - 28	2019 - 07 - 01	现行
GB/T 38333 - 2019	铅酸蓄电池用射频识别（RFID）电子标签技术规范	2019 - 12 - 10	2020 - 07 - 01	现行
GB/T 35660. 1 - 2017	信息与文献　图书馆射频识别（RFID）第 1 部分：数据元素及实施通用指南	2017 - 12 - 29	2017 - 12 - 29	现行
GB/Z 36442. 1 - 2018	信息技术用　于物品管理的射频识别　实现指南第 1 部分：无源超高频 RFID 标签	2018 - 06 - 07	2019 - 01 - 01	现行
GB/Z 36442. 3 - 2018	信息技术　用于物品管理的射频识别实现指南第 3 部分：超高频 RFID 读写器系统在物流应用中的实现和操作	2018 - 06 - 07	2019 - 01 - 01	现行
GB/T 34594 - 2017	射频识别在供应链中的应用集装箱	2017 - 10 - 14	2018 - 05 - 01	现行
GB/T 33459 - 2016	商贸托盘射频识别标签应用规范	2016 - 12 - 30	2017 - 07 - 01	现行
GB/T 35135 - 2017	面向食品制造业的射频识别系统应用要求	2017 - 12 - 29	2018 - 07 - 01	现行
GB/T 38059 - 2019	气瓶射频识别（RFID）应用充装控制管理要求	2019 - 10 - 18	2020 - 05 - 01	现行
GB/T 35290 - 2017	信息安全技术射频识别（RFID）系统通用安全技术要求	2017 - 12 - 29	2018 - 07 - 01	现行

续表

标准号	标准中文名称	发布日期	实施日期	标准状态
GB/T 35421 - 2017	物联网标识体系 Ecode 在射频标签中的存储	2017 - 12 - 29	2018 - 04 - 01	现行
GB/T 35129 - 2017	面向食品制造业的射频识别系统环境适应性要求	2017 - 12 - 29	2018 - 07 - 01	现行
GB/T 35130 - 2017	面向食品制造业的射频识别系统射频标签信息与编码规范	2017 - 12 - 29	2018 - 07 - 01	现行
GB/T 32830. 2 - 2016	装备制造业制造过程射频识别第 2 部分：读写器技术要求及应用规范	2016 - 08 - 29	2017 - 03 - 01	现行
GB/T 32830. 1 - 2016	装备制造业制造过程射频识别第 1 部分：电子标签技术要求及应用规范	2016 - 08 - 29	2017 - 03 - 01	现行

附表 3 - 2　　RFID 行业标准

标准号	标准中文名称	行业领域	状态	批准日期	实施日期
SC/T 6074 - 2015	渔船用射频识别（RFID）设备技术要求	水产	现行	2015 - 05 - 21	2015 - 08 - 01
GH/T 1200 - 2018	农资追溯电子标签（RFID）技术规范	供销合作	现行	2018 - 06 - 20	2018 - 10 - 01
SN/T 5014 - 2017	检验检疫 RFID 电子耳标技术规范	出入境检验检疫	现行	2017 - 11 - 07	2018 - 06 - 01
SN/T 4528 - 2016	供港食品全程 RFID 溯源信息规范总则	出入境检验检疫	现行	2016 - 06 - 28	2017 - 02 - 01
SN/T 4529. 3 - 2016	供港食品全程 RFID 溯源规程第 3 部分：冷冻食品	出入境检验检疫	现行	2016 - 06 - 28	2017 - 02 - 01
SN/T 4529. 2 - 2016	供港食品全程 RFID 溯源规程第 2 部分：蔬菜	出入境检验检疫	现行	2016 - 06 - 28	2017 - 02 - 01
SN/T 4529. 1 - 2016	供港食品全程 RFID 溯源规程第 1 部分：水果	出入境检验检疫	现行	2016 - 06 - 28	2017 - 02 - 01

续表

标准号	标准中文名称	行业领域	状态	批准日期	实施日期
HG/T 4955－2016	轮胎用射频识别（RFID）电子标签性能试验方法	化工	现行	2016－01－15	2016－07－01
HG/T 4954－2016	轮胎用射频识别（RFID）电子标签植入方法	化工	现行	2016－01－15	2016－07－01
HG/T 4953－2016	轮胎用射频识别（RFID）电子标签	化工	现行	2016－01－15	2016－07－01
HG/T 4956－2016	轮胎用射频识别（RFID）电子标签编码	化工	现行	2016－01－15	2016－07－01
SN/T 4094.1－2015	基于 RFID 的进出境集装箱电子封识技术规范第 1 部分：设计与应用	出入境检验检疫	现行	2015－02－09	2015－09－01
SN/T 4094.3－2015	基于 RFID 的进出境集装箱电子封识技术规范第 3 部分：读写器特殊要求	出入境检验检疫	现行	2015－02－09	2015－09－01
SN/T 4094.2－2015	基于 RFID 的进出境集装箱电子封识技术规范第 2 部分：数据通信接口	出入境检验检疫	现行	2015 02－09	2015 09－01
SN/T 4093－2015	基于 RFID、HS 编码和 XML 的国际快件电子报文	出入境检验检疫	现行	2015－02－09	2015－09－01
YD/T 2380－2011	人体暴露于 RFID 设备电磁场的评估方法	通信	现行	2011－12－20	2012－02－01
SN/T 2983.2－2011	供港畜禽产地全程 RFID 溯源规程第 2 部分：活禽	出入境检验检疫	现行	2011－09－09	2012－04－01
SN/T 2983.1－2011	供港畜禽产地全程 RFID 溯源规程第 1 部分：活猪	出入境检验检疫	现行	2011－09－09	2012－04－01

附表 3－3　RFID 地方标准

标准号	标准中文名称	省区市	状态	批准日期	实施日期
DB32/T 4014－2021	仓储管理 RFID 应用技术规程	江苏	现行	2021－03－04	2021－04－04

续表

标准号	标准中文名称	省区市	状态	批准日期	实施日期
DB32/T 3739－2020	信息技术 RFID 标签动态环境下识读距离测量方法	江苏	现行	2020－02－06	2020－03－01
DB65/T 3209－2011	动物电子标识（射频识别 RFID）通用技术规范	新疆	现行	2011－01－18	2011－02－18
DB22/T 2579－2016	机动车 RFID 环保标识系统技术规范	吉林	现行	2016－12－19	2017－04－01
DB44/T 1911－2016	畜禽产品 RFID 溯源安全预警体系建设规范	广东	现行	2016－09－30	2017－01－01
DB44/T 1905－2016	超高频射频识别（RFID）芯片测试方法	广东	现行	2016－09－29	2016－12－29
DB42/T 1126－2015	RFID 封装设备通用技术条件	湖北	现行	2015－12－29	2016－01－29
DB44/T 1650－2015	基于 RFID 技术的粮食仓储管理规范	广东	现行	2015－08－03	2015－11－03
DB35/T 1442－2014	基于 RFID 的车用气瓶数字化管理规范	福建	现行	2014－05－21	2014－08－21
DB22/T 2202－2014	汽车行业整车物流 RFID 应用技术规范	吉林	现行	2014－11－25	2014－12－25
DB35/T 1371－2013	RFID 自动温度记录仪通用规范	福建	现行	2013－12－04	2014－03－01
DB50/T 534－2013	机动车射频识别 RFID 系统安全技术要求	重庆市	现行	2013－12－15	2014－02－01
DB36/T 607－2011	医疗应用 RFID 流程规范	江西	现行	2011－01－11	2011－04－11
DB36/T 608－2011	医疗应用 RFID 数据接口规范	江西	现行	2011－01－11	2011－04－11
DB36/T 606－2011	烟花爆竹电子监管码 RFID 标签应用规范	江西	现行	2011－01－11	2011－04－11
DB44/T 758－2010	基于 RFID 技术的物流通关数据编码规范	广东	现行	2010－05－14	2010－07－14

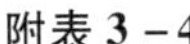

附表 3－4　　RFID 团体标准

团体名称	标准号	标准中文名称	公布日期	状态
中国包装联合会	T/CPF 0013—2021	快递包装射频识别（RFID）标签的技术要求	2021－03－19	现行
中国兽医协会	T/CVMA 59—2020	犬猫 RFID 电子标识植入技术规范	2021－02－25	现行
深圳市物联网产业协会	T/SZIOT 011—2021	RFID 电子标签耐弯折测试设备一般规范	2021－02－23	现行
中关村无线网络安全产业联盟	T/WAPIA 023. 2—2014	RFID 设备安全技术要求及测试方法第 2 部分 2. 4GHz	2020－09－12	现行
广东省产品认证服务协会	T/GDC 62—2020	RFID 无线射频灌溉智能控制系统	2020－08－22	现行
中国产学研合作促进会	T/CAB 0060—2020	智能包装射频识别（RFID）感知入口技术规范	2020－06－23	现行
深圳市物联网产业协会	T/SZIOT 001—2019	基于 RFID 的智能档案管理系统应用规范	2020－01－10	现行
无锡市物流与仓储协会	T/WXLWA 003—2018	仓储管理中的 RFID 应用技术规范	2018－07－12	现行
浙江省物联网产业协会	T/ZAII 001—2018	智能产品嵌入式 RFID 电子标签技术规范	2018－03－23	现行
北京电信技术发展产业协会	T/TDIA 00002－2016	基于 RFID 的无源室内分布集中监控系统技术要求和测试方法（硬件及操控部分）	2017－06－16	现行
中关村无线网络安全产业联盟	T/WAPIA 023. 1－2014	RFID 设备安全技术要求及测试方法第 1 部分总则	2017－04－08	现行

附表 3－5　　RFID 企业标准

企业名称	标准中文名称	发布日期	状态
南通金泰科技有限公司	Q/320602GPH10－2016《RFID 测试仪》	2016/05/17 11：34：41	现行有效

续表

企业名称	标准中文名称	发布日期	状态
山东科达金融机具有限公司	Q/68759408－2016《RFID 提款箱》	2016/05/26 21：53：24	现行有效
思创医惠科技股份有限公司	Q/ZSC 011－2013《RFID 读写器》	2016/07/19 13：29：25	企业自行废止
思创医惠科技股份有限公司	Q/ZSC 009－2013《RFID 电子识别标签》	2016/07/19 13：23：02	企业自行废止
思创医惠科技股份有限公司	Q/ZSC 011－2013《RFID 读写器》	2016/08/31 09：28：40	企业自行废止
温州格洛博电子有限公司	Q/GLB 1－2016《RFID 射频天线》	2016/09/12 10：35：08	企业自行废止
河南荣智智能科技有限公司	Q/HNRZ 001－2018《RFID 物证管理系统》	2018/05/25 14：27：30	现行有效
厦门致联科技有限公司	Q/XMZL－003－2017《RFID 电子标签》	2017/05/22 14：31：08	现行有效
江苏通鼎宽带有限公司	Q/320584 ATD 006－2018《RFID 网控锁》	2018/08/14 20：51：55	现行有效
厦门英诺尔信息科技有限公司	Q/XINV010－2018《RFID 读写模块》	2018/07/18 11：52：02	现行有效
成都普什信息自动化有限公司	Q/67965730－7·2－2016《RFID 电子标签》	2016/11/28 16：44：14	企业自行废止
浙江立芯信息科技股份有限公司	Q/LXES 001－2016《RFID 电子标签》	2016/12/17 17：43：44	现行有效
贵阳维隆塑胶有限公司	Q/WLSJ03－2018《RFID 电子标签》	2018/12/27 12：40：22	现行有效
上海铁维物联网科技有限公司	Q/TW 0400－2017《RFID 标签读写装置》	2017/10/26 14：45：32	现行有效
广州网源电子设备有限公司	Q/GZWYDZ 001－2019《RFID 读卡器》	2019/08/03 17：38：46	现行有效

参考文献

[1] 张辰．物联网产业的发展历程及目前的发展态势［J］. 机电一体化，2011，17（8）：4－9.

[2] 网易财经．解读物联网发展历程［C］//四川省通信学会．四川省通信学会2009年学术年会论文集．成都：四川省通信学会，2009：37.

[3] 朱佳佳．无源RFID标签天线的设计与研究［D］. 辽宁：大连理工大学，2019.

[4] Hahnel D，Burgard W，Fox D. Mapping and localization with RFID technology［C］. IEEE International Conference on Robotics and Automation，2004. IEEE，2004，1：1015－1020.

[5] 中国科技部等．中国射频识别（RFID）技术政策白皮书［R］. 北京：中国科技部，2006.

[6] Xie J，Wang M，Tan J. A Novel Method to Evaluate the RFID System Reliability［J］. Procedia Engineering，2017（174）：465－469.

[7] Cheng S W Y，Choy K L，Lam H Y. A Workflow Decision Support System for Achieving Customer Satisfaction in Warehouses Serving Machinery Industry［J］. IFAC－Papers OnLine，2015，48（3）：1714－1719.

[8] 刘博洋，马连博，朱云龙，等．基于多层数据处理的嵌入式RFID中间件系统开发［J］. 计算机科学，2015，42（S2）：231－235.

[9] 应俊，王社周，吉福生．基于 ALE 规范的分布式 RFID 中间件研究与实现 [J]．计算机应用与软件，2016，33（7）：14－18，24.

[10] Gao X，Xiang Z，Wang H. An approach to security and privacy of RFID system for supply chain [C]//IEEE international conference on e-commerce technology for dynamic e-business. IEEE，2004：164－168.

[11] Tajima M. Strategic value of RFID in supply chain management [J]. Journal of purchasing and supply management，2007，13（4）：261－273.

[12] Choi T M. Coordination and risk analysis of VMI supply chains with RFID technology [J]. IEEE Transactions on Industrial Informatics，2011，7（3）：497－504.

[13] 杨亚，范体军，张磊．生鲜农产品供应链 RFID 技术投资决策及协调 [J]．系统工程学报，2018（6）：823－833.

[14] 张李浩，杨惠霄．基于 RFID 技术的供应链投资决策及协调 [J]．计算机集成制造系统，2014，20（1）：55－61.

[15] Zhang L H，Li T，Fan T J. Inventory misplacement and demand forecast error in the supply chain：profitable RFID strategies under wholesale and buy-back contracts [J]. International Journal of Production Research，2018，56（15）：5188－5205.

[16] Mingxiu Z，Chunchang F，Minggen Y. The application used RFID in third party logistics [J]. Physics Procedia，2012，25：2045－2049.

[17] 吴丰铭．基于 RFID 的智能物流管理系统设计 [C]//中国通信学会．2019 年全国公共安全通信学术研讨会优秀论文集．北京：中国通信学会，2019：4.

［18］任晓翠．基于无线射频识别技术的物流配送路线即时优化系统设计［J］．自动化与仪器仪表，2019（8）：69－72.

［19］喻雪春，杜其光，穆王云．基于 RFID 技术的货物追溯系统构建［J］．科技创新与应用，2019（18）：167－168.

［20］李瑞贤，赵青，赵中堂．面向冷链物流品质感知的车载监控系统的研究［J］．农村经济与科技，2019，30（10）：81.

［21］Wang K S. Intelligent and integrated RFID（II－RFID）system for improving traceability in manufacturing［J］. Advances in Manufacturing，2014，2（2）：106－120.

［22］李文川，章鑫，高思源．制造/再制造企业 RFID 技术采纳的投资决策分析［J］．计算机集成制造系统，2019，25（8）：2079－2086.

［23］王琪，王涛，朱青．智能制造中 RFID 区域碰撞问题的研究与改进［J］．制造业自动化，2019，41（7）：89－92.

［24］时磊，鲁华栋．农机数字化车间制造系统研究——基于 RFID 和 Hadoop 云存储［J］．农机化研究，2018，40（4）：215－219.

［25］蒋天齐，洪涛，余忠华．PCB 集成化 RFID 在电能表智能制造中的研究应用［J］．计算机测量与控制，2017，25（2）：234－237.

［26］Kelepouris T，Pramatari K，Doukidis G. RFID－enabled traceability in the food supply chain［J］. Industrial Management & data systems，2007，107（2）：183－200.

［27］Hong I H，Dang J F，Tsai Y H，et al. An RFID application in the food supply chain：A case study of convenience stores in Taiwan［J］.

Journal of food engineering, 2011, 106 (2): 119 - 126.

[28] Fu N, Cheng T C E, Tian Z. RFID investment strategy for fresh food supply chains [J]. Journal of the Operational Research Society, 2019, 70 (9): 1475 - 1489.

[29] 赵国，孙霞，王相友．基于物联网技术和生物传感器技术的蔬菜质量安全溯源系统研究 [J]. 食品安全质量检测学报，2015 (3): 747 - 755.

[30] 赵燕妮．基于 RFID 技术的视频、药品智能包装应用研究 [J]. 物联网技术，2019 (1): 86 - 87.

[31] Huang K T, Lin P Y, Chiang C Y. An intelligent RFID system for improving elderly daily life independent in indoor environment [C]// International Conference on Smart Homes and Health Telematics. Springer, Berlin, Heidelberg, 2008: 1 - 8.

[32] Luo G, Duan X, Sun Z. Design of a Passive Multi-tag RFID Hospital Entry/Exit Detection System Based on Data Mining Method [C]// 2017 International Conference on Sensing, Diagnostics, Prognostics, and Control (SDPC). IEEE, 2017: 438 - 443.

[33] Bradley R V, Esper T L, In J. The joint use of RFID and EDI: Implications for hospital performance [J]. Production and Operations Management, 2018, 27 (11): 2071 - 2090.

[34] Cheng C H, Kuo Y H. RFID analytics for hospital ward management [J]. Flexible Services and Manufacturing Journal, 2016, 28 (4): 593 - 616.

[35] Thapa R R, Bhuiyan M, Krishna A. Application of RFID Technology to Reduce Overcrowding in Hospital Emergency Departments [C]//

Advances in Information Systems Development. Springer, Cham, 2018: 17 -32.

[36] Ming - Chih T, Wen L, Hsin - Chieh W. Determinants of RFID adoption intention: Evidence from Taiwanese retail chains [J]. Information & Management, 2010, 47: 255 -261.

[37] 颜波，向伟，石平．农产品供应链中物联网技术采纳的影响因素分析 [J]. 软科学，2013，27 (3): 22 -26.

[38] Matta V, Anand J, David K. Initiation, Experimentation, Implementation of innovations: The case for Radio Frequency Identification Systems [J]. International journal of information management, 2012, 32 (2): 164 -174.

[39] Ramakrishnan R, Usha R, Lok W. Adoption of RFID technologies in UK logistics: Moderating roles of size, barcode experience and government support [J]. Expert System with Applications, 2014, 41 (1): 230 -236.

[40] 陈晓红，王傅强．我国企业射频识别技术采纳的影响因素 [J]. 科研管理，2013，34 (2): 1 -9.

[41] 彭红霞，徐贤浩，张予川．基于TOE框架的企业采纳RFID决定性因素研究 [J]. 技术经济与管理研究，2013 (11): 3 -7.

[42] Ngai E W T, Chau D C K, Poon J K L. Implementing an RFID - based manufacturing process management system: Lessons learned and success factors [J]. Journal of Engineering and Technology Management, 2012, 29: 112 -130.

[43] 杨健，焦勇兵．食品企业RFID技术采纳研究——基于全国八省市客观因素的实证分析 [J]. 软科学，2012，26 (1): 104 -108.

[44] Hossain M A, Quaddus M. Radio frequency identification (RFID) adoption: A cross-sectional comparison of voluntary and mandatory contexts [J]. Information Systems Frontiers, 2015, 17 (5): 1057 - 1076.

[45] Lai H M, Lin I C, Tseng L T. High-level managers' considerations for RFID adoption in hospitals: an empirical study in Taiwan [J]. Journal of medical systems, 2014, 38 (2): 1 - 17.

[46] Wu X R, Subramaniam C. Understanding and Predicting Radio Frequency Identification (RFID) Adoption in Supply Chains [J]. Journal of Organizational Computing and Electronic Commerce, 2011, 21 (4ST): 348 - 367.

[47] Cooper R B, Zmud R W. Information technology implementation research: a technological diffusion approach [J]. Management science, 1990, 36 (2): 123 - 139.

[48] Gallivan M J. Organizational adoption and assimilation of complex technological innovations: development and application of a new framework [J]. ACM SIGMIS Database: the DATABASE for Advances in Information Systems, 2001, 32 (3): 51 - 85.

[49] Rogers, Everett M. Diffusion of Innovations [M]. New York: Free Press, 1962.

[50] 祝效国，叶强，李一军．企业技术创新的采纳、扩散和内化机制研究综述 [J]. 信息系统学报, 2009, 3 (2): 66 - 76.

[51] Jonathan W, Sunil Mithas, M S. Krishnan. A Field Study of RFID Deployment and Return Expectations [J]. Production and Operations Management, 2007, 16 (5): 599 - 612.

[52] Hossain M A, Quaddus M. An Adoption – Diffusion Model for RFID Applications in Bangladesh [J]. Computers and Information Technology, 2009: 127 – 132.

[53] Hossain M A, Quaddus M, Islam N. Developing and validating a model explaining the assimilation process of RFID: An empirical study [J]. Information Systems Frontiers, 2016, 18 (4): 645 – 663.

[54] Chen Y. Understanding technology adoption through system dynamics approach: A case study of RFID technology [C]//2011 IFIP 9th International Conference on Embedded and Ubiquitous Computing. IEEE, 2011: 366 – 371.

[55] 景熠，李文川．智能制造背景下企业RFID技术采纳行为机理研究 [J]. 工业技术经济，2017 (5): 86 – 91.

[56] Schumpeter J A. The theory of economic development [M]. Cambridge: Harvard University Press, 1934.

[57] Rogers E. Diffusion of innovations [M]. New York: The Free Press, 1995.

[58] 胡冬兰．企业云计算采纳、内化和扩散 [D]. 江苏：江苏科技大学，2015.

[59] Tornatzky L G, Fleischer M. The Process of Technology Innovation [M]. Lexington: Lexington Books, 1990.

[60] 陈文波，黄丽华．组织信息技术采纳的影响因素研究述评 [J]. 软科学，2006，20 (3): 1 – 4.

[61] Borgman H P, Bahli B, Heier H. Cloudrise: exploring cloud computing adoption and governance with the TOE framework [C]//2013 46th Hawaii international conference on system sciences. IEEE, 2013:

4425 – 4435.

[62] 韩娜娜. 中国省级政府网上政务服务能力的生成逻辑及模式——基于31省数据的模糊集定性比较分析 [J]. 公共行政评论, 2019, 12 (4): 82 – 100, 191 – 192.

[63] Aboelmaged M, Hashem G. RFID application in patient and medical asset operations management: A technology, organizational and environmental (TOE) perspective into key enablers and impediments [J]. International journal of medical informatics, 2018, 118: 58 – 64.

[64] 狄为, 夏晶. 企业采纳 XBRL 技术的关键因素研究——基于 TOE 框架 [J]. 财会通讯, 2017 (31): 38 – 43.

[65] 张静, 杨随根, 李悦. 高校图书馆向社会开放的影响因素研究——基于 TOE 理论框架 [J]. 现代情报, 2011, 31 (12): 10 – 14.

[66] 谭海波, 范梓腾, 杜运周. 技术管理能力、注意力分配与地方政府网站建设——一项基于 TOE 框架的组态分析 [J]. 管理世界, 2019, 35 (9): 81 – 94.

[67] 杨寅, 刘勤, 吴忠生. 科技资源开放共享平台创新扩散的关键因素研究——基于 TOE 理论框架 [J]. 现代情报, 2018, 38 (1): 69 – 75, 86.

[68] Laukkanen P, Sinkkonen S, Laukkanen T. Consumer resistance to internet banking: postponers, opponents and rejectors [J]. International journal of bank marketing, 2008, 26 (6): 440 – 455.

[69] Cavusoglu H, Hu N, Li Y. Information technology diffusion with influentials, imitator, and opponents [J]. Journal of Management Information Systems, 2010, 27 (2): 305 – 334.

[70] Forrester J W. Industrial dynamics [J]. Journal of the Operational Research Society, 1997, 48 (10): 1037 - 1041.

[71] 李东连. 基于系统动力学的供应链牛鞭效应影响因素分析 [D]. 重庆: 重庆交通大学, 2018.

[72] 陈立条. 农超对接农产品供应链运作模式研究 [D]. 江西: 南昌航空大学, 2017.

[73] 张培. 基于案例分析的影响中国物流业 RFID 采纳因素研究 [D]. 广东: 中山大学, 2010.

[74] 张磊, 蒋景肖, 高伟. 低碳能源技术在我国农村地区扩散中的口碑效应研究——以太阳能热水器为例 [J]. 软科学, 2012, 26 (4): 39 - 43.

[75] 王核成, 应波. 基于消费者采纳网络的网上购物扩散模型——以中国网上购物为例 [J]. 系统工程, 2013 (1): 78 - 84.